이렇게 기막힌 적중률

한잔공감 조주기능사
필기+실기 올인원

2권 · 실기

"이" 한 권으로 합격의 "기적"을 경험하세요!

YoungJin.com Y.
영진닷컴

차례

PART 02 칵테일 실기 시험문제(40가지 레시피) ▶ 합격 강의

푸스카페
2-40

맨해튼
2-41

드라이 마티니
2-42

올드 패션드
2-43

브랜디 알렉산더
2-44

싱가폴 슬링
2-45

블랙 러시안
2-46

마가리타
2-47

러스티 네일
2-48

위스키 사워
2-49

뉴욕
2-50

다이키리
2-51

B-52
2-52

준벅
2-53

바카디
2-54

쿠바리브레
2-55

그래스호퍼
2-56

시브리즈
2-57

애플 마티니
2-58

네그로니
2-59

롱 아일랜드 아이스 티 2-60	사이드카 2-61	마이타이 2-62	피나콜라다 2-63	코스모폴리탄 2-64
모스코 뮬 2-65	애프리콧 칵테일 2-66	허니문 칵테일 2-67	블루 하와이안 2-68	키르 2-69
테킬라 선라이즈 2-70	힐링 2-71	진도 2-72	풋사랑 2-73	금산 2-74
고창 2-75	진 피즈 2-76	프레시 레몬 스쿼시 2-77	버진 프루트 펀치 2-78	불바디에 2-79

구매 인증 PDF

추가 기출문제
암호 : cocktail7682

※ **참여 방법** : '이기적 스터디 카페' 검색 → 이기적 스터디카페(cafe.naver.com/yjbooks) 접속 → '구매 인증 PDF 증정' 게시판 → 구매 인증 → 메일로 자료 받기

01 실기시험 출제기준

직무 분야	중직무 분야	자격종목	적용기간
음식 서비스	조리	조주기능사	2025.01.01. ~ 2027.12.31.

- **직무내용** 다양한 음료의 특성을 이해하고 조주에 관계된 지식, 기술, 태도의 습득을 통해 음료 서비스, 영업장 관리를 수행하는 직무이다.
- **수행준거**
1. 고객에게 위생적인 음료를 제공하기 위하여 음료 영업장과 조주에 활용되는 재료·기물·기구를 청결히 관리하고 개인위생을 준수할 수 있다.
2. 다양한 음료의 특성을 파악·분류하고 조주에 활용할 수 있다.
3. 칵테일 조주를 위한 기본적인 지식과 기법을 습득하고 수행할 수 있다.
4. 칵테일 조주 기법에 따라 칵테일을 조주하고 관능평가를 수행할 수 있다.
5. 고객영접, 주문, 서비스, 다양한 편익제공, 환송 등 고객에 대한 서비스를 수행할 수 있다.
6. 음료 영업장 시설을 유지보수하고 기구·글라스를 관리하며 음료의 적정 수량과 상태를 관리할 수 있다.
7. 기초 외국어, 음료 영업장 전문용어를 숙지하고 사용할 수 있다.
8. 본격적인 식음료서비스를 제공하기 전 영업장환경과 비품을 점검함으로써 최선의 서비스가 될 수 있도록 준비할 수 있다.
9. 와인서비스를 위해 와인글라스, 디캔터와 그 외 관련비품을 청결하게 유지·관리할 수 있다.

실기검정방법	작업형	시험시간	7분 정도

실기과목명	주요항목	세부항목	세세항목
바텐더 실무	1. 위생 관리	1. 음료 영업장 위생 관리하기	1. 음료 영업장의 청결을 위하여 영업 전 청결상태를 확인하여 조치할 수 있다.
			2. 음료 영업장의 청결을 위하여 영업 중 청결 상태를 유지할 수 있다.
			3. 음료 영업장의 청결을 위하여 영업 후 청결상태를 복원할 수 있다.
		2. 재료·기물·기구 위생 관리하기	1. 음료의 위생적 보관을 위하여 음료 진열장의 청결을 유지할 수 있다.
			2. 음료 외 재료의 위생적 보관을 위하여 냉장고의 청결을 유지할 수 있다.
			3. 조주 기물의 위생 관리를 위하여 살균 소독을 할 수 있다.

바텐더 실무	1. 위생 관리	3. 개인위생 관리	1. 이물질에 의한 오염을 막기 위하여 개인 유니폼을 항상 청결하게 유지할 수 있다.
			2. 이물질에 의한 오염을 막기 위하여 손과 두발을 항상 청결하게 유지할 수 있다.
			3. 병원균 오염의 예방관리를 위하여 건강진단결과서(보건증)을 발급받을 수 있다.
	2. 음료 특성 분석	1. 음료 분류하기	1. 알코올 함유량에 따라 음료를 분류할 수 있다.
			2. 양조방법에 따라 음료를 분류할 수 있다.
			3. 청량음료, 영양음료, 기호음료를 분류할 수 있다.
			4. 지역별 전통주를 분류할 수 있다.
		2. 음료 특성 파악하기	1. 다양한 양조주의 기본적인 특성을 설명할 수 있다.
			2. 다양한 증류주의 기본적인 특성을 설명할 수 있다.
			3. 다양한 혼성주의 기본적인 특성을 설명할 수 있다.
			4. 다양한 전통주의 기본적인 특성을 설명할 수 있다.
			5. 다양한 청량음료, 영양음료, 기호음료의 기본적인 특성을 설명할 수 있다.
		3. 음료 활용하기	1. 알코올성 음료를 칵테일 조주에 활용할 수 있다.
			2. 비알코올성 음료를 칵테일 조주에 활용할 수 있다.
			3. 비터와 시럽을 칵테일 조주에 활용할 수 있다.
	3. 칵테일 기법 실무	1. 칵테일 특성 파악하기	1. 고객에게 음료관련 정보를 제공하기 위하여 칵테일의 유래와 역사를 설명할 수 있다.
			2. 칵테일 조주를 위하여 칵테일 기구의 사용법을 습득할 수 있다.
			3. 칵테일별 특성에 따라서 칵테일을 분류할 수 있다.
		2. 칵테일 기법 수행하기	1. 셰이킹(Shaking) 기법을 수행할 수 있다.
			2. 빌딩(Building) 기법을 수행할 수 있다.
			3. 스터링(Stirring) 기법을 수행할 수 있다.
			4. 플로팅(Floating) 기법을 수행할 수 있다.
			5. 블렌딩(Blending) 기법을 수행할 수 있다.
			6. 머들링(Muddling) 기법을 수행할 수 있다.

바텐더 실무	4. 칵테일 조주 실무	1. 칵테일 조주하기	1. 동일한 맛을 유지하기 위하여 표준 레시피에 따라 조주할 수 있다.
			2. 칵테일 종류에 따라 적절한 조주 기법을 활용할 수 있다.
			3. 칵테일 종류에 따라 적절한 얼음과 글라스를 선택 하여 조주할 수 있다.
		2. 전통주 칵테일 조주하기	1. 전통주 칵테일 레시피를 설명할 수 있다.
			2. 전통주 칵테일을 조주할 수 있다.
			3. 전통주 칵테일에 맞는 가니쉬를 사용할 수 있다.
		3. 칵테일 관능평가 하기	1. 시각을 통해 조주된 칵테일을 평가할 수 있다.
			2. 후각을 통해 조주된 칵테일을 평가할 수 있다.
			3. 미각을 통해 조주된 칵테일을 평가할 수 있다.
	5. 고객 서비스	1. 고객 응대하기	1. 고객의 예약사항을 관리할 수 있다.
			2. 고객을 영접할 수 있다.
			3. 고객의 요구사항과 불편사항을 적절하게 처리할 수 있다.
			4. 고객을 환송할 수 있다.
		2. 주문 서비스하기	1. 음료 영업장의 메뉴를 파악할 수 있다.
			2. 음료 영업장의 메뉴를 설명하고 주문 받을 수 있다.
			3. 고객의 요구나 취향, 상황을 확인하고 맞춤형 메뉴 를 추천할 수 있다.
		3. 편익 제공하기	1. 고객에 필요한 서비스 용품을 제공할 수 있다.
			2. 고객에 필요한 서비스 시설을 제공할 수 있다.
			3. 고객 만족을 위하여 이벤트를 수행할 수 있다.

바텐더 실무	6. 음료 영업장 관리	1. 음료 영업장 시설 관리하기	1. 음료 영업장 시설물의 안전 상태를 점검할 수 있다.
			2. 음료 영업장 시설물의 작동 상태를 점검할 수 있다.
			3. 음료 영업장 시설물을 정해진 위치에 배치할 수 있다.
		2. 음료 영업장 기구 · 글라스 관리하기	1. 음료 영업장 운영에 필요한 조주 기구, 글라스를 안전하게 관리할 수 있다.
			2. 음료 영업장 운영에 필요한 조주 기구, 글라스를 정해진 장소에 보관할 수 있다.
			3. 음료 영업장 운영에 필요한 조주 기구, 글라스를 정해진 수량을 유지할 수 있다.
		3. 음료 관리하기	1. 원가 및 재고 관리를 위하여 인벤토리(Inventory)를 작성할 수 있다.
			2. 파 스톡(Par Stock)을 통하여 적정재고량을 관리할 수 있다.
			3. 음료를 선입선출(F.I.F.O)에 따라 관리할 수 있다.
	7. 바텐더 외국어 사용	1. 기초 외국어 구사하기	1. 기초 외국어 습득을 통하여 외국어로 고객을 응대할 수 있다.
			2. 기초 외국어 습득을 통하여 고객 응대에 필요한 외국어 문장을 해석할 수 있다.
			3. 기초 외국어 습득을 통해서 고객 응대에 필요한 외국어 문장을 작성할 수 있다.
		2. 음료 영업장 전문 용어 구사하기	1. 음료 영업장 시설물과 조주 기구를 외국어로 표현할 수 있다.
			2. 다양한 음료를 외국어로 표현할 수 있다.
			3. 다양한 조주 기법을 외국어로 표현할 수 있다.

바텐더 실무	8. 식음료 영업 준비	1. 테이블 세팅하기	1. 메뉴에 따른 세팅 물품을 숙지하고 정확하게 준비할 수 있다.
			2. 집기 취급 방법에 따라 테이블 세팅을 할 수 있다.
			3. 집기의 놓는 위치에 따라 정확하게 테이블 세팅을 할 수 있다.
			4. 테이블 세팅 시에 소음이 나지 않게 할 수 있다.
			5. 테이블과 의자의 균형을 조정할 수 있다.
			6. 예약현황을 파악하여 요청사항에 따른 준비를 할 수 있다.
			7. 영업장의 성격에 맞는 테이블 클로스, 냅킨 등 린넨류를 다룰 수 있다.
			8. 냅킨을 다양한 방법으로 활용하여 접을 수 있다.
		2. 스테이션 준비하기	1. 스테이션의 기물을 용도에 따라 정리할 수 있다.
			2. 비품과 소모품의 위치와 수량을 확인하고 재고 목록표를 작성할 수 있다.
			3. 회전율을 고려한 일일 적정 재고량을 파악하여 부족한 물품이 없도록 확인할 수 있다.
			4. 식자재 유통기한과 표시기준을 확인하고 선입선출의 방법에 따라 정돈 사용할 수 있다.
		3. 음료 재료 준비하기	1. 표준 레시피에 따라 음료제조에 필요한 재료의 종류와 수량을 파악하고 준비할 수 있다.
			2. 표준 레시피에 따라 과일 등의 재료를 손질하여 준비할 수 있다.
			3. 덜어 쓰는 재료를 적합한 용기에 보관하고 유통기한을 표기할 수 있다.
		4. 영업장 점검하기	1. 영업장의 청결을 점검할 수 있다.
			2. 최적의 조명상태를 유지하도록 조명기구들을 점검할 수 있다.
			3. 고정 설치물의 적합한 위치와 상태를 유지할 수 있도록 점검할 수 있다.
			4. 영업장 테이블 및 의자의 상태를 점검할 수 있다.
			5. 일일 메뉴의 특이사항과 재고를 점검할 수 있다.

바텐더 실무	9. 와인장비 · 비품 관리	1. 와인글라스 유지 · 관리하기	1. 와인글라스의 파손, 오염을 확인할 수 있다.
			2. 와인글라스를 청결하게 유지 · 관리할 수 있다.
			3. 와인글라스를 종류별로 정리 · 정돈할 수 있다.
			4. 와인글라스의 종류별 재고를 적정하게 확보 · 유지할 수 있다.
		2. 와인디캔터 유지 · 관리하기	1. 디캔터의 파손, 오염을 확인할 수 있다.
			2. 디캔터를 청결하게 유지 · 관리할 수 있다.
			3. 디캔터를 종류별로 정리 · 정돈할 수 있다.
			4. 디캔터의 종류별 재고를 적정하게 확보 · 유지할 수 있다.
		3. 와인비품 유지 · 관리하기	1. 와인오프너, 와인쿨러 등 비품의 파손, 오염을 확인할 수 있다.
			2. 와인오프너, 와인쿨러 등 비품을 청결하게 유지 · 관리할 수 있다.
			3. 와인오프너, 와인쿨러 등 비품을 종류별로 정리 · 정돈할 수 있다.
			4. 와인오프너, 와인쿨러 등 비품을 적정하게 확보 · 유지할 수 있다.

국가기술자격 실기시험문제

자격종목	조주기능사	과 제 명	칵테일

※ 문제지는 시험종료 후 본인이 가져갈 수 있습니다.

비번호		시험일시		시험장명	

※ 시험시간 : 7분

1. 요구사항

※ 다음의 칵테일 중 감독위원이 제시하는 3가지 작품을 조주하여 제출하시오.

번호	칵테일	번호	칵테일	번호	칵테일	번호	칵테일
1	Pousse Cafe	11	New York	21	Long Island Iced Tea	31	Tequila Sunrise
2	Manhattan Cocktail	12	Daiquiri	22	Side Car	32	Healing
3	Dry Martini	13	B-52	23	Mai Tai	33	Jindo
4	Old Fashioned	14	June Bug	24	Pina Colada	34	Puppy Love
5	Brandy Alexander	15	Bacardi Cocktail	25	Cosmopolitan Cocktail	35	Geumsan
6	Singapore Sling	16	Cuba Libre	26	Moscow Mule	36	Gochang
7	Black Russian	17	Grasshopper	27	Apricot Cocktail	37	Gin Fizz
8	Margarita	18	Seabreeze	28	Honeymoon Cocktail	38	Fresh Lemon Squash
9	Rusty Nail	19	Apple Martini	29	Blue Hawaiian	39	Virgin Fruit Punch
10	Whiskey Sour	20	Negroni	30	Kir	40	Boulevardier

PART 01
조주기능사 실기

본격적인 학습에 앞서 조주기능사 실기 시험은 어떻게 시행하는지 자세히 확인해 보세요.
칵테일 기물과 재료의 특징을 파악하고 가니쉬 손질법과 칵테일 레시피를 학습할 수 있습니다.

실기 시험

01 실기 시험

1) 시험 요구사항

다음 칵테일 중 감독위원이 제시하는 3가지 작품을 조주하여 제출하시오. (시험 시간 : 7분간 진행)

2) 시험 칵테일

번호	칵테일	번호	칵테일	번호	칵테일	번호	칵테일
1	Pousse Cafe 푸스카페	11	New York 뉴욕	21	Long Island Iced Tea 롱 아일랜드 아이스 티	31	Tequila Sunrise 테킬라 선라이즈
2	Manhattan Cocktail 맨해튼	12	Daiquiri 다이키리	22	Side Car 사이드카	32	Healing 힐링
3	Dry Martini 드라이 마티니	13	B-52	23	Mai Tai 마이타이	33	Jindo 진도
4	Old Fashioned 올드 패션드	14	June Bug 준벅	24	Pina Colada 피나콜라다	34	Puppy Love 풋사랑
5	Brandy Alexander 브랜디 알렉산더	15	Bacardi Cocktail 바카디	25	Cosmopolitan Cocktail 코스모폴리탄	35	Geumsan 금산
6	Singapore Sling 싱가폴 슬링	16	Cuba Libre 쿠바리브레	26	Moscow Mule 모스코 뮬	36	Gochang 고창
7	Black Russian 블랙 러시안	17	Grasshopper 그래스호퍼	27	Apricot Cocktail 애프리콧 칵테일	37	Gin Fizz 진 피즈
8	Margarita 마가리타	18	Seabreeze 시브리즈	28	Honeymoon Cocktail 허니문 칵테일	38	Fresh Lemon Squash 프레쉬 레몬 스쿼시
9	Rusty Nail 러스티네일	19	Apple Martini 애플 마티니	29	Blue Hawaiian 블루 하와이안	39	Virgin Fruit Punch 버진 프루트 펀치
10	Whiskey Sour 위스키 사워	20	Negroni 네그로니	30	Kir 키르	40	Boulevardier 불바디에

3) 시험 절차

① 시험 준비물 : 마른행주 1~2개, 신분증

② 시험 절차
- 수험자 확인 후 시험 순서 뽑기
- 3인 구성으로 조별 대기 → 시험 문제 뽑기 → 시험장 입장
- 시험장 입장 후 2분 간 술, 기물 확인
- 3가지 작품을 7분 이내 완성하여 제출
- 3분 이내에 세척, 원위치 정리 후 퇴장

02 수험자 유의사항

1) 위생

① 두발과 복장을 단정히 하여 입장한다.
② 작업에 방해되는 액세서리는 착용하지 않는다.
③ 시험장에 입장 후 제일 먼저 반드시 손을 씻는다.
④ 글라스의 가장자리, 얼음, 가니쉬 등은 손으로 집지 않는다.

2) 조주 진행 시

① 완성한 작품 제출 시 반드시 코스터를 사용해야 한다.
② 시험장 내 기주, 기물 이외에는 조주 작업에 사용하면 안 된다.
③ 과도나 글라스 등은 조심해서 다루어 안전에 유의한다.

03 실격 사항

1) 오작

① 3가지 과제 중 2가지 이상의 주재료(주류) 선택이 잘못된 경우
② 3가지 과제 중 2가지 이상의 조주법(기법) 선택이 잘못된 경우
③ 3가지 과제 중 2가지 이상의 글라스 사용 선택이 잘못된 경우
④ 3가지 과제 중 2가지 이상의 장식의 선택이 잘못된 경우
⑤ 1과제 내에 재료(주ㆍ부재료) 선택이 2가지 이상 잘못된 경우

2) 미완성

① 요구된 3가지 과제 중 1가지라도 제출하지 못한 경우

3) 기타

① 시험 도중 포기하는 경우
② 시험 도중 시험장을 무단이탈하는 경우
③ 부정한 방법으로 타인의 도움을 받거나 타인의 시험을 방해하는 경우
④ 국가기술자격법상 국가기술자격 검정에서의 부정행위 등을 하는 경우

04 시험 TIP

① 시험 시작 전, 접수한 시험장 후기 확인하여 시험장의 구조 및 기물 배치를 파악한다.

② 시험장 입장 후, 2분간의 확인 시간에 술, 기물 등 문제 있는 부분이 없는지 확인한다(문제가 있을 시 반드시 시험관에게 문제 제기한다).

③ 술병의 라벨은 시험관이 볼 수 있도록 시험관을 향해 정면으로 잡는다.

④ 술은 반드시 주재료부터 넣는다.

⑤ 조주는 쉬운 것부터 진행하여 시간 배분에 유의한다. (Build → Stir → Shake → Blend → Float)

⑥ 얼음은 8~10개 넣는 것이 기준이지만 시간이 부족할 시 4~5개만 넣도록 한다.

⑦ 시간이 부족할 시 가니쉬를 잔에 꽂지 않고 잔 안에 바로 넣어 제출한다.

⑧ 작품 제출 후, 남는 시간에 장식을 한 번 더 확인한다.

칵테일 기물

반복학습 1 2 3   빈출 태그 글라스, 기구

01 글라스의 종류

1) 텀블러 글라스(Tumbler Glass)형

글라스	명칭	내용
	올드 패션드 글라스 Old–Fashioned Glass	• 증류주를 얼음과 함께 차갑게 마실 때 사용하는 글라스 • 온 더 락 글라스(On the Rock Glass)라고도 부름 • 평균적으로 6~8oz(180~240mL)의 용량
	하이볼 글라스 Highball Glass	• 얼음, 술, 탄산음료를 혼합할 때 사용하는 글라스 • 평균적으로 8~10oz(240~300mL)의 용량
	콜린스 글라스 Collins Glass	• 양이 많은 롱 드링크를 제공할 때 사용하는 글라스 • 톨 하이볼 글라스(Tall Highball Glass)라고도 부름 • 평균적으로 10~12oz(300~360mL)의 용량

2) 스템 글라스(Stemmed Glass)형

글라스	명칭	내용
	칵테일 글라스 Cocktail Glass	• 가장 많이 사용되는 칵테일용 글라스 • 역삼각형의 발레리나를 연상하게 하는 모양 • 평균적으로 4~5oz(120~150mL)의 쇼트 드링크 용량
	샴페인 글라스 Champagne Glass [소서(Saucer)형]	• 입구와 볼의 형태가 넓은 형태의 글라스 • 축하주로서 건배용 글라스로 주로 사용
	샴페인 글라스 Champagne Glass [플루트(Flute)형]	• 입구가 좁고 볼이 길쭉한 형태의 글라스 • 탄산의 기포가 오래 보존되어 스파클링 와인용으로 주로 사용
	사워 글라스 Sour Glass	• 위스키 사워, 브랜디 사워 등 사워 칵테일을 제공할 때 사용하는 글라스 • 평균적으로 4oz(120mL)의 용량
	리큐어 글라스 Liqueur Glass	• 리큐어, 스피리츠, 위스키 등을 마실 때 사용하는 글라스 • 코디얼 글라스(Cordial Glass)라고도 부름 • 1oz(30mL)의 용량
	필스너 글라스 Pilsner Glass	• 원래는 체코의 '필슨'이라는 회사에서 맥주잔으로 개발 • 최근에 롱 드링크를 제공할 때 사용하는 글라스 • 평균적으로 8~12oz(240~360mL) 용량

도구	명칭	내용
	셰리 와인 글라스 Sherry Wine Glass	• 셰리 와인이나 포트 와인을 마실 때 사용하는 글라스 • 칵테일 B-52 제조 시 사용 • 평균적으로 2~3oz(60~90mL) 용량
	와인 글라스 Wine Glass	• 와인을 마실 때 사용하는 글라스 • 다양한 형태 • 레드 와인 글라스와 화이트 와인 글라스로 구분

02 칵테일 기구

도구	명칭	내용
	셰이커 Shaker	• 혼합하기 어려운 재료를 얼음과 함께 섞으면서 냉각시키는 도구 • 캡(Cap), 스트레이너(Strainer), 바디(Body)로 구성
	지거 Jigger	• 음료와 술의 양을 측정하는 표준 계량컵 • 보편적으로 1oz(30mL), $1+\frac{1}{2}$oz(45mL) 용기이 위아래로 붙어있는 더블 지거(Double Jigger) 형태
	바 스푼 Bar Spoon	• 재료를 혼합하거나 소량으로 계량할 때 사용하는 가늘고 중간 부분이 나선형으로 되어있는 긴 스푼 • 체리, 올리브를 떠서 담을 때도 사용 • 믹싱 스푼이라고도 부름
	믹싱 글라스 Mixing Glass	• 비교적 혼합하기 쉬운 재료를 바 스푼으로 저어주는 스터(Stir) 기법에 사용되는 도구 • 칵테일 마티니(Martini)를 만들 때 많이 사용되는 도구

	스트레이너 Strainer	• 믹싱 글라스(Mixing Glass)에서 혼합한 칵테일을 글라스에 따를 때 사용 • 얼음이 글라스에 떨어지지 않게 하는 도구 • 둥근 원형 철사 망+용수철+손잡이 형태
	푸어러 Pourer	병의 입구에 끼워 글라스나 지거(Jigger)에 따를 때 음료가 흘러내리는 것을 방지하고 양 조절을 해주는 도구
	머들러 Muddler	술과 음료를 혼합하기 전에 과일이나 허브 같은 가니쉬 재료를 미리 으깨서 향을 낼 때 사용하는 도구
	블렌더 Blender	• 과일 등 혼합하기 어려운 재료를 얼음과 함께 섞을 때 사용하는 도구 • 트로피컬 칵테일(Tropical Cocktail), 프로즌 칵테일(Frozen Cocktail)을 만들 때 사용
	스퀴저 Squeezer	오렌지나 레몬, 라임 등 감귤류의 과일의 생즙을 짤 때 사용하는 도구
	글라스 리머 Glass Rimmer	• 소금, 설탕을 글라스의 가장자리에 뒤집어서 묻히는 도구 • 마가리타(Margarita), 키스 오브 파이어(Kiss of Fire)를 만들 때 사용
	제스터 Zester	• 오렌지나 레몬의 껍질을 벗기는 도구 • 가니쉬에 적합한 두께의 껍질 생성이 가능하며, 과일의 상처를 방지함
	스터 로드 Stir Road	음료를 저을 때 사용하는 도구

	칵테일 픽 Cocktail Pick	• 칵테일의 장식인 가니쉬를 꽂을 때 사용하는 도구 • 주로 올리브나 체리, 파인애플 등을 꽂아 장식하는 데 사용
	아이스 픽 Ice Pick	• 규모가 큰 얼음 덩어리를 잘게 부술 때 사용하는 도구 • 손잡이 아랫부분이 송곳으로 되어있어 원하는 크기로 얼음을 다듬을 때도 사용
	아이스 페일 Ice Pail	얼음을 담아두는 용기인 얼음 통
	아이스 텅 Ice Tong	셰이커, 믹싱 글라스, 글라스에 얼음을 담을 때 사용하는 얼음 집게
	아이스 스쿱 Ice Scoop	• 셰이커, 믹싱 글라스, 글라스에 얼음을 담을 때 사용하는 얼음 스푼 • 스테인리스, 플라스틱 두 종류
	스토퍼 Stopper	• 주로 탄산이 들어간 술이나 음료가 사용 후 남았을 경우 보관하는 도구 • 보조 병마개 역할
	코스터 Coaster	• 글라스의 표면에 맺힌 물방울이 바 카운터나 테이블을 적시지 않도록 사용하는 글라스 받침대 • 냉각된 글라스의 물기가 흘러내리는 것을 방지하기 위해 사용

칵테일의 음료와 재료

반복학습 1 2 3 빈출 태그 증류주, 양조주, 전통주, 혼성주, 비알코올성 음료, 가니쉬

01 증류주

Bacardi Rum White	Dry Gin	Vodka	Tequila	Bourbon Whiskey

Scotch Whisky	Brandy	Apple Brandy

02 양조주

Sweet Vermouth	Dry Vermouth	White Wine

03 전통주

Gam Hong Ro	Jindo Hong Ju	Andong Soju	Geumsan Insamju	Sunwoonsan Bokbunja

04 혼성주

Crème de Menthe(Green)	Crème de Menthe(White)	Crème de Cacao(Brown)	Crème de Cacao(White)	Crème de Cassis

Midori(Melon Liqueur)	Banana Liqueur	Coffee Liqueur	Apple Pucker	Blue Curacao

Coconut flavored Rum	Cherry flavored Brandy	Apricot flavored Brandy	Cointreau	Triple Sec

Bailey's Irish Cream Liqueur	Angostura Bitters	Campari	Drambuie	Grand Marnier

Benedictine D.O.M

05 비알코올성 음료

Lemon Juice	Lime Juice	Grapefruit Juice	Cranberry Juice	Pineapple Juice

Orange Juice	White Grape Juice	Soda Water	Ginger Ale	Cola

Sprite	Milk	Grenadine Syrup	Raspberry Syrup	Pina Colada Mix

Sweet&Sour mix

06 가니쉬

Cherry	Green Olive	A Slice of Orange & Cherry	A Slice of Lemon & Cherry	A Wedge of Pineapple & Cherry

A Wedge of Lemon	Twist of Lemon Peel	A Slice of Lemon	A Slice of Apple	Nutmeg Powder

07 가니쉬 손질

1) 레몬 슬라이스

레몬의 양쪽 꼭지를 살짝 자른다.

긴 부분(세로 방향)을 기준으로 반으로 자른다.

반으로 자른 레몬의 1/3 지점 또는 1/2 지점에서 자른다.

약 0.5cm~1cm의 일정한 두께로 자른다.

레몬의 가운데 부분에 1cm~1.5cm 칼집을 낸다.

집게를 사용하여 잔에 끼운다.

2) 레몬 웨지

레몬의 양쪽 꼭지를 살짝 자른다.

긴 부분(세로 방향)을 기준으로 반으로 자른다.

반으로 자른 레몬을 3등분하여 세로로 자른다.

잔을 꽂는 부분의 레몬 꼭지를 더 자른다.

레몬의 과육과 껍질 사이를 1/2 지점까지 자른다.

집게를 사용하여 잔에 끼운다.

3) 레몬 트위스트 필

레몬의 양쪽 꼭지를 살짝 자른다.

긴 부분(세로 방향)을 기준으로 반으로 자른다.

반으로 자른 레몬의 1/3 지점 또는 1/2 지점에서 자른다.

약 0.5cm~1cm의 일정한 두께로 자른다.

레몬의 과육과 껍질 사이를 자른다.

집게를 사용하여 비틀어 3초간 유지한 후 잔에 넣는다.

4) 레몬 슬라이스&체리

레몬의 양쪽 꼭지를 살짝 자른다.

긴 부분(세로 방향)을 기준으로 반으로 자른다.

반으로 자른 레몬의 1/3 지점 또는 1/2 지점에서 자른다.

약 0.5cm~1cm의 일정한 두께로 자른다.

칵테일 픽에 체리를 먼저 꽂는다.

칵테일 픽을 꽂은 체리와 함께 레몬 슬라이스를 꽂는다.

집게를 사용하여 잔에 끼운다.

5) 오렌지 트위스트 필

오렌지의 양쪽 꼭지를 살짝 자른다.

세로 방향을 기준으로 반으로 자른다.

반으로 자른 오렌지의 1/3 지점 또는 1/2 지점에서 자른다.

약 1cm의 일정한 두께로 자른다.

오렌지의 과육과 껍질 사이를 자른다.

집게를 사용하여 비틀어 3초간 유지한 후 잔에 넣는다.

6) 오렌지 슬라이스&체리

오렌지의 양쪽 꼭지를 살짝 자른다.

세로 방향을 기준으로 반으로 자른다.

반으로 자른 오렌지의 1/3 지점 또는 1/2 지점에서 자른다.

약 1cm의 일정한 두께로 자른다.

칵테일 픽에 체리를 먼저 꽂는다.

칵테일 픽을 꽂은 체리와 함께 오렌지 슬라이스를 꽂는다.

집게를 사용하여 잔에 끼운다.

7) 사과 슬라이스

세로 방향을 기준으로 반으로 자른다.

반으로 자른 사과의 1/3 지점 또는 1/2 지점에서 자른다.

약 0.5cm~1cm의 일정한 두께로 자른다.

사과의 가운데 부분에 1cm~1.5cm 칼집을 낸다.

집게를 사용하여 잔에 끼운다.

8) 파인애플 웨지&체리

파인애플의 1/3 지점 또는 1/2 지점에서 자른다.

약 1cm~1.5cm의 일정한 두께로 자른다.

파인애플의 가운데 부분에 1cm~1.5cm 칼집을 낸다.

칵테일 픽에 체리를 먼저 꽂는다.

칵테일 픽을 꽂은 체리와 함께 파인애플 웨지를 꽂는다.

집게를 사용하여 잔에 끼운다.

칵테일 레시피 암기

반복학습 1 2 3 빈출 태그 칵테일 표준레시피

01 칵테일 표준 레시피(Standard Recipes)

번호	칵테일	조주법	글라스	가니쉬	재료
1	Pousse Cafe 푸스카페	Float	Stemmed Liqueur Glass	없음	Grenadine Syrup $\frac{1}{3}$ part Crème de Menthe(Green) $\frac{1}{3}$ part Brandy $\frac{1}{3}$ part
2	Manhattan 맨해튼	Stir	Cocktail Glass	Cherry	Bourbon Whiskey 1+$\frac{1}{2}$ oz Sweet Vermouth $\frac{3}{4}$ oz Angostura Bitters 1dash
3	Dry Martini 드라이 마티니	Stir	Cocktail Glass	Green Olive	Dry Gin 2oz Dry Vermouth $\frac{1}{3}$ oz
4	Old Fashioned 올드 패션드	Build	Old—Fashioned Glass	A Slice of Orange&Cherry	Bourbon Whiskey 1+$\frac{1}{2}$ oz Powdered Sugar 1tsp Angostura Bitters 1dash Soda Water $\frac{1}{2}$ oz
5	Brandy Alexander 브랜디 알렉산더	Shake	Cocktail Glass	Nutmeg Powder	Brandy $\frac{3}{4}$ oz Crème de Cacao(Brown) $\frac{3}{4}$ oz Light Milk $\frac{3}{4}$ oz
6	Singapore Sling 싱가폴 슬링	Shake/Build	Footed Pilsner Glass	A Slice of Orange&Cherry	Dry Gin 1+$\frac{1}{2}$ oz Lemon Juice $\frac{1}{2}$ oz Powdered Sugar 1tsp Fill with Soda Water On Top with Cherry flavored Brandy $\frac{1}{2}$ oz
7	Black Russian 블랙 러시안	Build	Old—Fashioned Glass	없음	Vodka 1oz Coffee Liqueur $\frac{1}{2}$ oz

8	Margarita 마가리타	Shake	Cocktail Glass	Rimming with Salt	Tequila 1+$\frac{1}{2}$oz Cointreau or Triple Sec $\frac{1}{2}$oz Lime Juice $\frac{1}{2}$oz
9	Rusty Nail 러스티네일	Build	Old-Fashioned Glass	없음	Scotch Whisky 1oz Drambuie $\frac{1}{2}$oz
10	Whiskey Sour 위스키 사워	Shake/Build	Sour Glass	A Slice of Lemon&Cherry	Bourbon Whiskey 1+$\frac{1}{2}$oz Lemon Juice $\frac{1}{2}$oz Powdered Sugar 1tsp On Top with Soda Water 1oz
11	New York 뉴욕	Shake	Cocktail Glass	Twist of Lemon Peel	Bourbon Whiskey 1+$\frac{1}{2}$oz Lime Juice $\frac{1}{2}$oz Powdered Sugar 1tsp Grenadine Syrup $\frac{1}{2}$tsp
12	Daiquiri 다이키리	Shake	Cocktail Glass	없음	Light Rum 1+$\frac{3}{4}$oz Lime Juice $\frac{3}{4}$oz Powdered Sugar 1tsp
13	B-52	Float	Sherry Glass(2oz)	없음	Coffee Liqueur $\frac{1}{3}$part Bailey's Irish Cream Liqueur $\frac{1}{3}$part Grand Marnier $\frac{1}{3}$part
14	June Bug 준벅	Shake	Collins Glass	A Wedge of fresh Pineapple&Cherry	Midori(Melon Liqueur) 1oz Coconut flavored Rum $\frac{1}{2}$oz Banana Liqueur $\frac{1}{2}$oz Pineapple Juice 2oz Sweet&Sour mix 2oz
15	Bacardi Cocktail 바카디	Shake	Cocktail Glass	없음	Bacardi Rum White 1+$\frac{3}{4}$oz Lime Juice $\frac{3}{4}$oz Grenadine Syrup 1tsp
16	Cuba Libre 쿠바리브레	Build	Highball Glass	A Wedge of Lemon	Light Rum 1+$\frac{1}{2}$oz Lime Juice $\frac{1}{2}$oz Fill with Cola
17	Grasshopper 그래스호퍼	Shake	Champagne Glass(Saucer형)	없음	Crème de Menthe(Green) 1oz Crème de Cacao(White) 1oz Light Milk 1oz
18	Seabreeze 시브리즈	Build	Highball Glass	A Wedge of Lime or Lemon	Vodka 1+$\frac{1}{2}$oz Cranberry Juice 3oz Grapefruit Juice $\frac{1}{2}$oz

19	Apple Martini 애플 마티니	Shake	Cocktail Glass	A Slice of Apple	Vodka 1oz Apple Pucker(Sour Apple Liqueur) 1oz Lime Juice $\frac{1}{2}$ oz
20	Negroni 네그로니	Build	Old-Fashioned Glass	Twist of Lemon Peel	Dry Gin $\frac{3}{4}$ oz Sweet Vermouth $\frac{3}{4}$ oz Campari $\frac{3}{4}$ oz
21	Long Island Iced Tea 롱 아일랜드 아이스 티	Build	Collins Glass	A Wedge of Lime or Lemon	Dry Gin $\frac{1}{2}$ oz Vodka $\frac{1}{2}$ oz Light Rum $\frac{1}{2}$ oz Tequila $\frac{1}{2}$ oz Triple Sec $\frac{1}{2}$ oz Sweet&Sour mix 1+$\frac{1}{2}$ oz On Top with Cola
22	Side Car 사이드카	Shake	Cocktail Glass	없음	Brandy 1oz Triple Sec 1oz Lemon Juice $\frac{1}{4}$ oz
23	Mai Tai 마이타이	Blend	Footed Pilsner Glass	A Wedge of fresh Pineapple(Orange) &Cherry	Light Rum 1+$\frac{1}{4}$ oz Triple Sec $\frac{3}{4}$ oz Lime Juice 1oz Pineapple Juice 1oz Orange Juice 1oz Grenadine Syrup $\frac{1}{4}$ oz
24	Pina Colada 피나콜라다	Blend	Footed Pilsner Glass	A Wedge of fresh Pineapple&Cherry	Light Rum 1+$\frac{1}{4}$ oz Pina Colada Mix 2oz Pineapple Juice 2oz
25	Cosmopolitan Cocktail 코스모폴리탄	Shake	Cocktail Glass	Twist of Lime or Lemon Peel	Vodka 1oz Triple Sec $\frac{1}{2}$ oz Lime Juice $\frac{1}{2}$ oz Cranberry Juice $\frac{1}{2}$ oz
26	Moscow Mule 모스코 뮬	Build	Highball Glass	A Slice of Lime or Lemon	Vodka 1+$\frac{1}{2}$ oz Lime Juice $\frac{1}{2}$ oz Fill with Ginger Ale
27	Apricot Cocktail 애프리콧 칵테일	Shake	Cocktail Glass	없음	Apricot flavored Brandy 1+$\frac{1}{2}$ oz Dry Gin 1tsp Lemon Juice $\frac{1}{2}$ oz Orange Juice $\frac{1}{2}$ oz

28	Honeymoon Cocktail 허니문 칵테일	Shake	Cocktail Glass	없음	Apple Brandy $\frac{3}{4}$ oz Benedictine D.O.M $\frac{3}{4}$ oz Triple Sec $\frac{1}{4}$ oz Lemon Juice $\frac{1}{2}$ oz
29	Blue Hawaiian 블루 하와이안	Blend	Footed Pilsner Glass	A Wedge of fresh Pineapple&Cherry	Light Rum 1oz Blue Curacao 1oz Coconut flavored Rum 1oz Pineapple Juice 2+$\frac{1}{2}$ oz
30	Kir 키르	Build	White Wine Glass	Twist of Lemon Peel	White Wine 3oz Crème de Cassis $\frac{1}{2}$ oz
31	Tequila Sunrise 테킬라 선라이즈	Build/Float	Footed Pilsner Glass	없음	Tequila 1+$\frac{1}{2}$ oz Fill with Orange Juice Grenadine Syrup $\frac{1}{2}$ oz
32	Healing 힐링	Shake	Cocktail Glass	Twist of Lemon Peel	Gam Hong Ro(감홍로/40도) 1+$\frac{1}{2}$ oz Benedictine D.O.M $\frac{1}{3}$ oz Crème de Cassis $\frac{1}{3}$ oz Sweet&Sour mix 1oz
33	Jindo 진도	Shake	Cocktail Glass	없음	Jindo Hong Ju(진도 홍주/40도) 1oz Crème de Menthe(White) $\frac{1}{2}$ oz White Grape Juice(청포도 주스) $\frac{3}{4}$ oz Raspberry Syrup $\frac{1}{2}$ oz
34	Puppy Love 풋사랑	Shake	Cocktail Glass	A Slice of Apple	Andong Soju(안동소주/35도) 1oz Triple Sec $\frac{1}{3}$ oz Apple Pucker(Sour Apple Liqueur) 1oz Lime Juice $\frac{1}{3}$ oz
35	Geumsan 금산	Shake	Cocktail Glass	없음	Geumsan Insamju(금산 인삼주/43도) 1+$\frac{1}{2}$ oz Coffee Liqueur(Kahlûa) $\frac{1}{2}$ oz Apple Pucker(Sour Apple Liqueur) $\frac{1}{2}$ oz Lime Juice 1tsp
36	Gochang 고창	Stir	Flute Champagne Glass	없음	Sunwoonsan Bokbunja Wine(선운산 복분자주) 2oz Triple Sec $\frac{1}{2}$ oz Sprite 2oz

37	Gin Fizz 진 피즈	Shake/Build	Highball Glass	A Slice of Lemon	Dry Gin $1+\frac{1}{2}$ oz Lemon Juice $\frac{1}{2}$ oz Powdered Sugar 1tsp Fill with Soda Water
38	Fresh Lemon Squash 프레쉬 레몬 스쿼시	Build	Highball Glass	A Slice of Lemon	Fresh squeezed Lemon $\frac{1}{2}$ ea Powdered Sugar 2tsp Fill with Soda Water
39	Virgin Fruit Punch 버진 프루트 펀치	Blend	Footed Pilsner Glass	A Wedge of fresh Pineapple&Cherry	Orange Juice 1oz Pineapple Juice 1oz Cranberry Juice 1oz Grapefruit Juice 1oz Lemon Juice $\frac{1}{2}$ oz Grenadine Syrup $\frac{1}{2}$ oz
40	Boulevardier 불바디에	Stir	Old-Fashioned Glass	Twist of Orange Peel	Bourbon Whiskey 1oz Sweet Vermouth 1oz Campari 1oz

02 조주기법별 칵테일 분류

조주법	칵테일
Build 직접넣기	• Moscow Mule(모스코 뮬) • Kir(키르) • Long Island Iced Tea(롱 아일랜드 아이스 티) • Seabreeze(시브리즈) • Cuba Libre(쿠바리브레) • Negroni(네그로니) • Old Fashioned(올드 패션드) • Rusty Nail(러스티네일) • Black Russian(블랙 러시안) • Fresh Lemon Squash(프레쉬 레몬 스쿼시)
Stir 휘젓기	• Manhattan(맨해튼) • Dry Martini(드라이 마티니) • Gochang(고창) • Boulevardier(불바디에)

Shake 흔들기	• Brandy Alexander(브랜디 알렉산더) • Grasshopper(그래스호퍼) • Apple Martini(애플 마티니) • June Bug(준벅) • Daiquiri(다이키리) • Bacardi Cocktail(바카디) • Apricot Cocktail(애프리콧 칵테일) • Cosmopolitan Cocktail(코스모폴리탄) • Side Car(사이드카) • New York(뉴욕) • Margarita(마가리타) • Honeymoon Cocktail(허니문 칵테일) • Healing(힐링) • Jindo(진도) • Puppy Love(풋사랑) • Geumsan(금산)
Float 띄우기	• B-52 • Pousse Cafe(푸스카페)
Blend 갈아넣기	• Mai Tai(마이타이) • Pina Colada(피나콜라다) • Blue Hawaiian(블루 하와이안) • Virgin Fruit Punch(버진 프루트 펀치)
Shake+Build 흔들기+직접넣기	• Singapore Sling(싱가폴 슬링) • Whiskey Sour(위스키 사워) • Gin Fizz(진 피즈)
Build+Float 직접넣기+띄우기	Tequila Sunrise(테킬라 선라이즈)

03 베이스별 칵테일 분류

베이스	칵테일
Rum 럼	• Cuba Libre(쿠바리브레) • Mai Tai(마이타이) • Pina Colada(피나콜라다) • Blue Hawaiian(블루 하와이안) • Daiquiri(다이키리) • Bacardi Cocktail(바카디)
Gin 진	• Long Island Iced Tea(롱 아일랜드 아이스 티) • Dry Martini(드라이 마티니) • Negroni(네그로니) • Singapore Sling(싱가폴 슬링) • Gin Fizz(진 피즈)
Vodka 보드카	• Moscow Mule(모스코 뮬) • Seabreeze(시브리즈) • Apple Martini(애플 마티니) • Cosmopolitan Cocktail(코스모폴리탄) • Black Russian(블랙 러시안)

Tequila 테킬라	• Tequila Sunrise(테킬라 선라이즈) • Margarita(마가리타)
Whisky(Whiskey) 위스키	• Manhattan(맨해튼) • Whiskey Sour(위스키 사워) • New York(뉴욕) • Old Fashioned(올드 패션드) • Rusty Nail(러스티네일) • Boulevardier(불바디에)
Brandy 브랜디	• Brandy Alexander(브랜디 알렉산더) • Side Car(사이드카) • Honeymoon Cocktail(허니문 칵테일)
Liqueur 혼성주	• Grasshopper(그래스호퍼) • June Bug(준벅) • Apricot Cocktail(애프리콧 칵테일) • Pousse Cafe(푸스카페) • B-52
Wine 와인	Kir(키르)
전통주	• Healing(힐링) • Jindo(진도) • Puppy Love(풋사랑) • Geumsan(금산) • Gochang(고창)
Non-Alcoholic 논-알코올	• Fresh Lemon Squash(프레쉬 레몬 스쿼시) • Virgin Fruit Punch(버진 프루트 펀치)

04 글라스별 칵테일 분류

글라스	칵테일
Cocktail Glass 칵테일 글라스	• Brandy Alexander(브랜디 알렉산더) • Manhattan(맨해튼) • Dry Martini(드라이 마티니) • Apple Martini(애플 마티니) • Daiquiri(다이키리) • Bacardi Cocktail(바카디) • Apricot Cocktail(애프리콧 칵테일) • Cosmopolitan Cocktail(코스모폴리탄) • Side Car(사이드카) • New York(뉴욕) • Honeymoon Cocktail(허니문 칵테일) • Margarita(마가리타) • Healing(힐링) • Jindo(진도) • Puppy Love(풋사랑) • Geumsan(금산)

Highball Glass 하이볼 글라스	• Moscow Mule(모스코 뮬) • Seabreeze(시브리즈) • Cuba Libre(쿠바리브레) • Gin Fizz(진 피즈) • Fresh Lemon Squash(프레쉬 레몬 스쿼시)
Footed Pilsner Glass 풋 필스너 글라스	• Tequila Sunrise(테킬라 선라이즈) • Mai Tai(마이타이) • Pina Colada(피나콜라다) • Blue Hawaiian(블루 하와이안) • Singapore Sling(싱가폴 슬링) • Virgin Fruit Punch(버진 프루트 펀치)
Old-Fashioned Glass 올드 패션드 글라스	• Negroni(네그로니) • Old Fashioned(올드 패션드) • Rusty Nail(러스티네일) • Black Russian(블랙 러시안) • Boulevardier(불바디에)
Collins Glass 콜린스 글라스	• Long Island Iced Tea(롱 아일랜드 아이스 티) • June Bug(준벅)
Champagne Glass(Saucer) 샴페인 글라스(소서형)	Grasshopper(그래스호퍼)
Champagne Glass(Flute) 샴페인 글라스(플루트형)	Gochang(고창)
Sherry Glass 셰리 글라스	B-52
Sour Glass 사워 글라스	Whiskey Sour(위스키 사워)
Stemmed Liqueur Glass 스템 리큐어 글라스	Pousse Cafe(푸스카페)
White Wine Glass 화이트 와인 글라스	Kir(키르)

PART 02

칵테일 실기 시험문제
(40가지 레시피)

실제 시험에 출제되는 40가지의 칵테일 레시피를 구체적으로 학습할 수 있습니다.
각각의 칵테일을 만들 때 어떤 점을 유의해야 하는지도 확인하세요.

푸스카페
(Pousse Cafe)

▶ 합격 강의

요구사항 Pousse Cafe를 제조하여 제출하시오.

재료

레시피

조주법	Float
글라스	Stemmed Liqueur Glass
가니쉬	없음
재료	— Grenadine Syrup $\frac{1}{3}$ Part — Crème de Menthe(Green) $\frac{1}{3}$ Part — Brandy $\frac{1}{3}$ Part

제조 방법

1 먼저 잔에 그레나딘 시럽 $\frac{1}{3}$ part(약 $\frac{1}{4}$ oz)를 계량하여 잔의 바닥에 깔아준다.

2 사용한 지거와 바 스푼은 닦아준다.

3 크렘 드 민트(그린) $\frac{1}{3}$ part(약 $\frac{1}{4}$ oz)를 계량하여, 바 스푼을 이용하여 천천히 쌓는다.

4 사용한 지거와 바 스푼은 닦아준다.

5 브랜디 $\frac{1}{3}$ part(약 $\frac{1}{3}$ oz)를 계량하여, 동일하게 바 스푼을 이용하여 천천히 쌓는다.

Keyword

"3색의 컬러가 아름다운 칵테일"

TIP

1 Float(플로트) 기법은 재료의 비중차를 이용하여 잔에 쌓는 방법이다.

2 $\frac{1}{3}$ part는 잔의 $\frac{1}{3}$ 기준이다.

3 1가지 재료를 따른 후 지거와 바 스푼은 항상 닦아준 뒤 다음 재료를 따른다.

4 지거와 바 스푼은 사용 전에 물기를 닦아주면 플로팅 시 섞이지 않고 잘 쌓을 수 있다.

맨해튼
(Manhattan)

▶ 합격 강의

반복학습 1 2 3 요구사항 Manhattan을 제조하여 제출하시오.

재료

레시피

조주법	Stir
글라스	Cocktail Glass
가니쉬	Cherry
재료	− Bourbon Whiskey $1+\frac{1}{2}$ oz − Sweet Vermouth $\frac{3}{4}$ oz − Angostura Bitters 1dash

제조 방법

1 잔에 얼음을 넣어 칠링한다.
2 믹싱 글라스에 얼음을 8~10개 정도 넣는다.
3 버번 위스키 $1+\frac{1}{2}$ oz, 스위트 베르무스 $\frac{3}{4}$ oz, 앙고스
  투라 비터 1dash를 순서대로 넣는다.
4 바 스푼으로 최소 6~8번 젓는다.
5 칠링한 잔의 얼음을 버린다.
6 믹싱 글라스에 스트레이너를 끼운 뒤, 잔의 밑부분을
  잡고 따른다.
7 체리를 픽에 꽂아 마무리한다.

Keyword

"칵테일의 여왕"

TIP

1 믹싱 글라스에 얼음을 너무 많이 담지 않는다. (다만,
  시험장에서 얼음이 작을 경우, 얼음을 더 담아준다.)
2 1dash는 5~6방울 정도이다.
3 바 스푼으로 저을 때, 마구 섞지 말고 글라스의 벽을
  따라 젓는다.
4 실기 시험에 출제되는 칵테일 중에 믹싱 글라스에
  Stir(스터) 기법으로만 진행되는 칵테일은 맨해튼, 드
  라이 마티니, 고창, 불바디에 4가지이다.

드라이 마티니
(Dry Martini)

▶ 합격 강의

요구사항 Dry Martini를 제조하여 제출하시오.

재료

레시피

조주법	Stir
글라스	Cocktail Glass
가니쉬	Green Olive
재료	— Dry Gin 2oz — Dry Vermouth $\frac{1}{3}$ oz

제조 방법

1 잔에 얼음을 넣어 칠링한다.

2 믹싱 글라스에 얼음을 8~10개 정도 넣는다.

3 드라이 진 2oz, 드라이 베르무스 $\frac{1}{3}$ oz 순서로 넣는다.

4 바 스푼으로 최소 6~8번 젓는다.

5 칠링한 잔의 얼음을 버린다.

6 믹싱 글라스에 스트레이너를 끼운 뒤, 잔의 밑부분을 잡고 따른다.

7 올리브를 픽에 꽂아 마무리한다.

Keyword

"칵테일의 왕"

TIP

1 믹싱 글라스에 얼음을 너무 많이 담지 않는다. (다만, 시험장에서 얼음이 작을 경우, 얼음을 더 담아준다.)

2 바 스푼으로 저을 때, 마구 섞지 말고 글라스의 벽을 따라 젓는다.

3 실기 시험에 출제되는 칵테일 중에 믹싱 글라스에 Stir(스터) 기법으로만 진행되는 칵테일은 맨해튼, 드라이 마티니, 고창, 불바디에 4가지이다.

올드 패션드
(Old Fashioned)

▶ 합격 강의

반복학습 1 2 3 요구사항 Old Fashioned를 제조하여 제출하시오.

재료

레시피

조주법	Build
글라스	Old–Fashioned Glass
가니쉬	A Slice of Orange & Cherry
재료	– Bourbon Whiskey $1+\frac{1}{2}$ oz – Powdered Sugar 1tsp – Angostura Bitters 1dash – Soda Water $\frac{1}{2}$ oz

제조 방법

1 잔에 설탕 1tsp를 먼저 넣는다.

2 앙고스투라 비터 1dash, 소다수 $\frac{1}{2}$ oz를 순서대로 넣는다.

3 바 스푼으로 설탕을 녹여준다.

4 잔에 얼음 8~10개를 넣는다.

5 버번 위스키 $1+\frac{1}{2}$ oz를 넣어준 뒤, 바 스푼으로 6~8번 젓는다.

6 오렌지 슬라이스와 체리를 픽에 꽂아 마무리한다.

Keyword

"클래식 칵테일 No.1"

TIP

1 설탕을 녹여줄 시, 바 스푼으로 10회 이상 충분히 저어준다.

2 1dash는 5~6방울 정도이다.

3 바 스푼으로 저을 때, 마구 섞지 말고 글라스의 벽을 따라 젓는다.

4 2022년 기준으로 각설탕에서 가루 설탕으로 개정되었다.

브랜디 알렉산더
(Brandy Alexander)

▶ 합격 강의

재료

레시피

조주법	Shake
글라스	Cocktail Glass
가니쉬	Nutmeg Powder
재료	$-$ Brandy $\frac{3}{4}$ oz $-$ Crème de Cacao(Brown) $\frac{3}{4}$ oz $-$ Light Milk $\frac{3}{4}$ oz

제조 방법

1 잔에 얼음을 넣어 칠링한다.

2 셰이커에 얼음을 8~10개 정도 넣는다.

3 브랜디 $\frac{3}{4}$ oz, 크렘 드 카카오(브라운) $\frac{3}{4}$ oz, 우유 $\frac{3}{4}$ oz를 순서대로 넣는다.

4 스트레이너, 캡 순으로 셰이커를 닫고 흔들어준다.

5 칠링한 잔의 얼음을 버린다.

6 셰이커의 캡만 열고 잔의 밑부분을 잡고 따른다.

7 넛맥 파우더로 마무리한다.

Keyword

"가벼운 초콜릿 우유 맛의 칵테일"

TIP

1 실기 시험에 출제되는 칵테일 중 유일하게 크렘 드 카카오(브라운)을 사용한다.

싱가폴 슬링
(Singapore Sling)

▶ 합격 강의

　요구사항 Singapore Sling을 제조하여 제출하시오.

재료

레시피

조주법	Shake/Build
글라스	Footed Pilsner Glass
가니쉬	A Slice of Orange & Cherry
재료	– Dry Gin $1+\frac{1}{2}$ oz – Lemon Juice $\frac{1}{2}$ oz – Powdered Sugar 1tsp – Fill with Soda Water – On Top with Cherry flavored Brandy $\frac{1}{2}$ oz

Keyword

"체리 향을 입은 레모네이드 칵테일"

TIP

1 칠링한 잔의 얼음을 버리지 않도록 주의한다.
2 탄산수는 함께 셰이킹 할 수 없기 때문에, 셰이킹 후 Build(빌드) 기법으로 넣어준다.
3 탄산수를 넣은 뒤 저어줄 때, 탄산이 많이 사라지는 것을 막기 위해 얼음을 살짝 띄워준다는 감각으로 저어준다.
4 마지막 체리 브랜디는 위에 Float(플로트) 해주는 느낌으로 천천히 넣는다.

제조 방법

1 잔에 얼음을 가득 넣어 칠링한다.

2 셰이커에 얼음을 8~10개 정도 넣는다.

3 드라이 진 $1+\frac{1}{2}$ oz, 레몬 주스 $\frac{1}{2}$ oz, 설탕 1tsp을 순 서대로 넣는다.

4 스트레이너, 캡 순으로 셰이커를 닫고 흔들어준다.

5 칠링한 잔의 얼음을 버리지 않고, 셰이커의 캡만 열고 잔의 밑부분을 잡고 따른다.

6 소다수를 잔의 80~90%로 채운다.

7 바 스푼으로 살짝 젓는다.

8 체리 브랜디 $\frac{1}{2}$ oz를 바 스푼을 이용하여 천천히 넣 는다.

9 오렌지 슬라이스와 함께 체리를 픽에 꽂아 마무리한다.

블랙 러시안
(Black Russian)

▶ 합격 강의

반복학습 1 2 3 **요구사항** Black Russian을 제조하여 제출하시오.

재료

레시피

조주법	Build
글라스	Old-Fashioned Glass
가니쉬	없음
재료	− Vodka 1oz − Coffee Liqueur $\frac{1}{2}$ oz

제조 방법

1 잔에 얼음을 가득 넣는다.

2 보드카 1oz, 깔루아 $\frac{1}{2}$ oz를 순서대로 넣는다.

3 바 스푼으로 8~10번 저어주면서 마무리한다.

Keyword

"달콤 쌉쌀한 커피 칵테일"

TIP

1 음료의 양이 많지 않기 때문에, 잔에 얼음을 가득 넣도록 한다.

2 Stir(스터)를 진행할 때는 바 스푼의 뒷면을 글라스의 벽을 향하게 젓는다.

3 러스티네일 칵테일과 제조 방법이 거의 유사하다.

마가리타
(Margarita)

▶ 합격 강의

반복학습 1 2 3 **요구사항** Margarita를 제조하여 제출하시오.

재료

레시피

조주법	Shake
글라스	Cocktail Glass
가니쉬	Rimming with Salt
재료	- Tequila $1+\dfrac{1}{2}$ oz - Cointreau or Triple Sec $\dfrac{1}{2}$ oz - Lime Juice $\dfrac{1}{2}$ oz

제조 방법

1 잔에 얼음을 넣어 칠링한다.

2 셰이커에 얼음을 8~10개 정도 넣는다.

3 테킬라 $1+\dfrac{1}{2}$ oz, 트리플 섹 $\dfrac{1}{2}$ oz, 라임 주스 $\dfrac{1}{2}$ oz를 순서대로 넣는다.

4 스트레이너, 캡 순으로 셰이커를 닫고 흔들어준다.

5 칠링한 잔의 얼음을 버린다.

6 집게로 레몬을 집어 잔의 테두리에 레몬즙을 바르고, 잔을 거꾸로 뒤집어 소금을 묻힌다.

7 셰이커의 캡만 열고 잔의 밑부분을 잡고 따라주면서 마무리한다.

Keyword

"소금눈 내린 새콤달콤 라임 칵테일"

TIP

1 잔의 테두리를 '림(Rim)'이라고 부른다.

2 소금을 많이 묻히면 지저분해지므로 주의해서 묻혀준다.

3 소금을 바른 뒤 가볍게 한번 털어준다.

4 라임 주스와 함께 들어가는 베이스 기주는 럼, 보드카, 테킬라이다.

러스티네일
(Rusty Nail)

▶ 합격 강의

반복학습 1 2 3 **요구사항** Rusty Nail을 제조하여 제출하시오.

재료

레시피

조주법	Build
글라스	Old-Fashioned Glass
가니쉬	없음
재료	– Scotch Whisky 1oz – Drambuie $\frac{1}{2}$ oz

제조 방법

1 잔에 얼음을 가득 넣는다.

2 스카치 위스키 1oz, 드람부이 $\frac{1}{2}$ oz를 순서대로 넣는다.

3 바 스푼으로 8~10번 저어주면서 마무리한다.

Keyword

"녹슨 못을 연상시키는 황갈색 칵테일"

TIP

1 음료의 양이 많지 않기 때문에, 잔에 얼음을 가득 넣어준다.

2 Stir(스터)를 진행할 때는 바 스푼의 뒷면을 글라스의 벽을 향하게 저어준다.

3 블랙 러시안 칵테일과 제조 방법이 거의 유사하다.

위스키 사워
(Whiskey Sour)

▶ 합격 강의

요구사항 Whiskey Sour를 제조하여 제출하시오.

재료

레시피

조주법	Shake/Build
글라스	Sour Glass
가니쉬	A Slice of Lemon & Cherry
재료	– Bourbon Whiskey $1+\frac{1}{2}$ oz – Lemon Juice $\frac{1}{2}$ oz – Powdered Sugar 1tsp – On Top with Soda Water 1oz

제조 방법

1 잔에 얼음을 가득 넣어 칠링한다.

2 셰이커에 얼음을 8~10개 정도 넣는다.

3 버번 위스키 $1+\frac{1}{2}$ oz, 레몬 주스 $\frac{1}{2}$ oz, 설탕 1tsp을 순서대로 넣는다.

4 스트레이너, 캡 순으로 셰이커를 닫고 흔들어준다.

5 칠링한 잔의 얼음을 버리고, 셰이커의 캡만 열고 잔의 밑부분을 잡고 따른다.

6 소다수 1oz를 넣는다.

7 바 스푼으로 살짝 젓는다.

8 레몬 슬라이스와 함께 체리를 픽에 꽂아 마무리한다.

Keyword

"새콤달콤 버번 사워 칵테일"

TIP

1 유사한 레시피인 싱가폴 슬링 칵테일과 다르게 칠링한 얼음은 반드시 버린다.

2 탄산수는 함께 셰이킹 할 수 없기 때문에, 셰이킹 후 Build(빌드) 기법으로 넣어준다.

3 탄산수를 넣은 뒤 저어줄 때, 탄산이 많이 사라지는 것을 막기 위해 살짝 띄워준다는 감각으로 저어준다.

4 공식 칵테일과 다르게 조주기능사 레시피에는 달걀 흰자를 사용하지 않고 탄산수로 마무리한다.

뉴욕
(New York)

▶ 합격 강의

반복학습 1 2 3 **요구사항** New York을 제조하여 제출하시오.

재료

레시피

조주법	Shake
글라스	Cocktail Glass
가니쉬	Twist of Lemon Peel
재료	− Bourbon Whiskey $1+\frac{1}{2}$ oz − Lime Juice $\frac{1}{2}$ oz − Powdered Sugar 1tsp − Grenadine Syrup $\frac{1}{2}$ tsp

제조 방법

1 잔에 얼음을 넣어 칠링한다.

2 셰이커에 얼음을 8~10개 정도 넣는다.

3 버번 위스키 $1+\frac{1}{2}$ oz, 라임 주스 $\frac{1}{2}$ oz, 설탕 1tsp, 그레나딘 시럽 $\frac{1}{2}$ tsp을 순서대로 넣는다.

4 스트레이너, 캡 순으로 셰이커를 닫고 흔들어준다.

5 칠링한 잔의 얼음을 버린다.

6 셰이커의 캡만 열고 잔의 밑부분을 잡고 따른다.

7 레몬 껍질을 손질 후 비틀어 3초 유지 후 칵테일 안에 넣어서 마무리한다.

Keyword

"뉴욕의 일출을 닮은 오렌지 빛 칵테일"

TIP

1 필(Peel)을 만들 때는 한쪽은 집게를 잡고 다른 한쪽은 손으로 잡아 비틀어주면 쉽게 만들 수 있다.

2 그레나딘 시럽은 $\frac{1}{2}$ tsp으로 너무 많이 넣지 않도록 주의한다.

다이키리
(Daiquiri)

▶ 합격 강의

반복학습 1 2 3 **요구사항** Daiquiri를 제조하여 제출하시오.

재료

레시피

조주법	Shake
글라스	Cocktail Glass
가니쉬	없음
재료	– Light Rum $1+\dfrac{3}{4}$ oz – Lime Juice $\dfrac{3}{4}$ oz – Powdered Sugar 1tsp

제조 방법

1 잔에 얼음을 넣어 칠링한다.

2 셰이커에 얼음을 8~10개 정도 넣는다.

3 라이트 럼 $1+\dfrac{3}{4}$ oz, 라임 주스 $\dfrac{3}{4}$ oz, 설탕 1tsp을 순서대로 넣는다.

4 스트레이너, 캡 순으로 셰이커를 닫고 흔들어준다.

5 칠링한 잔의 얼음을 버린다.

6 셰이커의 캡만 열고 잔의 밑부분을 잡고 따라주면서 마무리한다.

Keyword

"럼과 라임의 달달한 만남"

TIP

1 유사한 레시피인 바카디와 제조 방법이 같으나 재료가 다르니 주의한다.

2 라임 주스와 함께 들어가는 베이스 기주는 럼, 보드카, 테킬라이다.

3 시험장에 라이트 럼이 있을 경우, 라이트 럼을 사용해야 한다.

B-52

▶ 합격 강의

반복학습 1 2 3 요구사항 B-52를 제조하여 제출하시오.

재료

레시피

조주법	Float
글라스	Sherry Glass(2oz)
가니쉬	없음
재료	− Coffee Liqueur $\frac{1}{3}$ Part − Bailey's Irish Cream Liqueur $\frac{1}{3}$ Part − Grand Marnier $\frac{1}{3}$ Part

제조 방법

1 먼저 잔에 깔루아 $\frac{1}{3}$ part(약 $\frac{1}{3}$ oz)를 계량하여 잔의 바닥에 깔아준다.

2 사용한 지거와 바 스푼은 닦아준다.

3 베일리스 아이리시 크림 $\frac{1}{3}$ part(약 $\frac{1}{2}$ oz)를 계량하여, 바 스푼을 이용하여 천천히 쌓는다.

4 사용한 지거와 바 스푼은 닦아준다.

5 그랑 마니에 $\frac{1}{3}$ part(약 $\frac{3}{4}$ oz)를 계량하여, 동일하게 바 스푼을 이용하여 천천히 쌓는다.

Keyword

"입 안에서 터지는 달콤한 폭격기"

TIP

1 B-52의 잔은 위로 갈수록 입구가 벌어지는 형태로 각 $\frac{1}{3}$ part의 용량이 다르니 주의한다.

2 1가지 재료를 따른 후 지거와 바 스푼은 항상 닦아준 뒤 다음 재료를 따른다.

3 지거와 바 스푼은 사용 전에 물기를 닦아주면 플로팅 시 섞이지 않고 잘 쌓을 수 있다.

4 그랑 마니에는 아래층과 혼탁해지기 쉬우니 특히 주의하여 따른다.

준벽
(June Bug)

▶ 합격 강의

요구사항 June Bug을 제조하여 제출하시오.

재료

레시피

조주법	Shake
글라스	Collins Glass
가니쉬	A Wedge of fresh Pineapple & Cherry
재료	— Midori(Melon Liqueur) 1oz — Coconut flavored Rum $\frac{1}{2}$ oz — Banana Liqueur $\frac{1}{2}$ oz — Pineapple Juice 2oz — Sweet&Sour mix 2oz

Keyword

"6월의 애벌레"

TIP

1 칠링한 잔의 얼음을 버리지 않아야 한다.

2 완성된 음료의 양이 잔의 90% 정도 채워야하기 때문에 얼음을 가득 담도록 한다.

제조 방법

1 잔에 얼음을 넣어 칠링한다.

2 셰이커에 얼음을 8~10개 정도 넣는다.

3 미도리 1oz, 말리부 $\frac{1}{2}$ oz, 바나나 리큐어 $\frac{1}{2}$ oz, 파인애플 주스 2oz, 스위트 앤 사워 믹스 2oz를 순서대로 넣는다.

4 스트레이너, 캡 순으로 셰이커를 닫고 흔들어준다.

5 칠링한 잔의 얼음을 버리지 않고, 셰이커의 캡만 열고 잔의 밑부분을 잡고 따른다.

6 파인애플 웨지와 함께 체리를 픽에 꽂아 마무리한다.

바카디
(Bacardi Cocktail)

▶ 합격 강의

요구사항 Bacardi Cocktail을 제조하여 제출하시오.

재료

레시피

조주법	Shake
글라스	Cocktail Glass
가니쉬	없음
재료	– Bacardi Rum White $1+\frac{3}{4}$ oz – Lime Juice $\frac{3}{4}$ oz – Grenadine Syrup 1tsp

제조 방법

1 잔에 얼음을 넣어 칠링한다.

2 셰이커에 얼음을 8~10개 정도 넣는다.

3 바카디 럼 $1+\frac{3}{4}$ oz, 라임 주스 $\frac{3}{4}$ oz, 그레나딘 시럽 1tsp을 순서대로 넣는다.

4 스트레이너, 캡 순으로 셰이커를 닫고 흔들어준다.

5 칠링한 잔의 얼음을 버린다.

6 셰이커의 캡만 열고 잔의 밑부분을 잡고 따라주면서 마무리한다.

Keyword

"바카디 회사가 작정하고 만든 칵테일"

TIP

1 반드시 바카디 럼을 사용해야 한다.

2 그레나딘 시럽은 지거가 아닌 바 스푼으로 계량하여 넣는다.

3 유사한 레시피인 다이키리 칵테일과 제조 방법이 같으나 재료가 다르니 주의한다.

4 라임 주스와 함께 들어가는 베이스 기주는 럼, 보드카, 테킬라이다.

쿠바리브레
(Cuba Libre)

▶ 합격 강의

　요구사항 Cuba Libre를 제조하여 제출하시오.

재료

레시피

조주법	Build
글라스	Highball Glass
가니쉬	A Wedge of Lemon
재료	– Light Rum $1+\frac{1}{2}$ oz – Lime Juice $\frac{1}{2}$ oz – Fill with Cola

제조 방법

1 잔에 얼음을 가득 넣는다.

2 라이트 럼 $1+\frac{1}{2}$ oz, 라임 주스 $\frac{1}{2}$ oz를 순서대로 넣는
　다.

3 콜라를 컵의 80~90%만큼 채운다.

4 바 스푼으로 8~10번 젓는다.

5 레몬 웨지를 꽂아 마무리한다.

Keyword

"자유 쿠바 만세(Viva Cuba Libre)"

TIP

1 잔에 얼음을 가득 넣도록 한다.

2 바 스푼으로 저을 때, 마구 섞지 말고 글라스의 벽을
　따라 젓는다.

3 완성 제조 시, 잔에 음료의 용량이 약 90% 정도 차도
　록 한다.

4 콜라가 들어가는 칵테일은 가니쉬로 레몬 웨지를 장
　식한다.

5 시험장에 라이트 럼이 있을 경우, 라이트 럼을 사용해
　야 한다.

그래스호퍼
(Grasshopper)

▶합격 강의

반복학습 1 2 3 **요구사항** Grasshopper를 제조하여 제출하시오.

재료

레시피

조주법	Shake
글라스	Champagne Glass(Saucer형)
가니쉬	없음
재료	– Crème de Menthe(Green) 1oz – Crème de Cacao(White) 1oz – Light Milk 1oz

제조 방법

1 잔에 얼음을 넣어 칠링한다.
2 세이커에 얼음을 8~10개 정도 넣는다.
3 크렘 드 민트(그린) 1oz, 크렘 드 카카오(화이트) 1oz, 우유 1oz를 순서대로 넣는다.
4 스트레이너, 캡 순으로 세이커를 닫고 흔들어준다.
5 칠링한 잔의 얼음을 버린다.
6 세이커의 캡만 열고 잔의 밑부분을 잡고 따라주면서 마무리한다.

Keyword

"민트+초코+우유 칵테일"

TIP

1 칠링한 잔의 얼음을 잊지 말고 버린다.
2 세이킹은 너무 오래 하지 않는다. (약 8회 정도가 적당하다.)
3 크렘 드 민트(그린), 크렘 드 카카오(화이트)는 병의 색깔로 쉽게 구분이 가능하다.

시브리즈
(Seabreeze)

▶합격 강의

요구사항 Seabreeze를 제조하여 제출하시오.

재료

레시피

조주법	Build
글라스	Highball Glass
가니쉬	A Wedge of Lime or Lemon
재료	– Vodka $1+\dfrac{1}{2}$ oz – Cranberry Juice 3oz – Grapefruit Juice $\dfrac{1}{2}$ oz

제조 방법

1 잔에 얼음을 가득 넣는다.

2 보드카 $1+\dfrac{1}{2}$ oz, 크렌베리 주스 3oz, 자몽 주스 $\dfrac{1}{2}$ oz 를 순서대로 넣는다.

3 바 스푼으로 8~10번 젓는다.

4 레몬 웨지 혹은 라임 웨지를 꽂아 마무리한다.

Keyword

"바닷바람을 품은 붉은 칵테일"

TIP

1 잔에 얼음을 가득 넣도록 한다.

2 바 스푼으로 저을 때, 마구 섞지 말고 글라스의 벽을 따라 젓는다.

3 완성 제조 시, 잔에 음료의 용량이 약 90% 정도 채우게 한다.

4 레몬(라임)은 웨지 모양으로 자른 후, 과육과 껍질 사이에 칼집을 내주면 쉽게 잔에 꽂아진다.

애플 마티니
(Apple Martini)

▶ 합격 강의

반복학습 1 2 3 요구사항 Apple Martini를 제조하여 제출하시오.

재료

레시피

조주법	Shake
글라스	Cocktail Glass
가니쉬	A Slice of Apple
재료	− Vodka 1oz − Apple Pucker 　(Sour Apple Liqueur) 1oz − Lime Juice $\frac{1}{2}$ oz

제조 방법

1 잔에 얼음을 넣어 칠링한다.

2 셰이커에 얼음을 8~10개 정도 넣는다.

3 보드카 1oz, 애플 퍼커 1oz, 라임 주스 $\frac{1}{2}$ oz를 순서대로 넣는다.

4 스트레이너, 캡 순으로 셰이커를 닫고 흔들어준다.

5 칠링한 잔의 얼음을 버린다.

6 셰이커의 캡만 열고 잔의 밑부분을 잡고 따른다.

7 사과 슬라이스를 꽂아 마무리한다.

Keyword

"보드카를 넣은 사과 칵테일"

TIP

1 칠링한 얼음은 반드시 버린다.

2 라임 주스와 함께 들어가는 베이스 기주는 럼, 보드카, 테킬라이다.

3 조주 시간이 부족할 시, 사과 슬라이스는 잔 안에 넣어도 된다.

네그로니
(Negroni)

▶ 합격 강의

반복학습 1 2 3 　**요구사항** Negroni를 제조하여 제출하시오.

재료

레시피

조주법	Build
글라스	Old–Fashioned Glass
가니쉬	Twist of Lemon Peel
재료	− Dry Gin $\frac{3}{4}$ oz − Sweet Vermouth $\frac{3}{4}$ oz − Campari $\frac{3}{4}$ oz

제조 방법

1 잔에 얼음을 가득 넣는다.

2 드라이 진 $\frac{3}{4}$ oz, 스위트 베르무스 $\frac{3}{4}$ oz, 캄파리 $\frac{3}{4}$ oz를 순서대로 넣는다.

3 바 스푼으로 8~10번 젓는다.

4 레몬 껍질을 손질 후 비틀어 3초 유지 후 칵테일 안에 넣어서 마무리한다.

Keyword

"달콤 쌉쌀한, 세계에서 많이 팔린 클래식 칵테일"

TIP

1 음료의 양이 많지 않기 때문에, 잔에 얼음을 가득 넣도록 한다.

2 Stir(스터)를 진행할 때는 바 스푼의 뒷면을 글라스의 벽을 향하게 젓는다.

3 필(Peel)을 만들 때는 한쪽은 집게를 잡고 다른 한쪽은 손으로 잡아 비틀어주면 쉽게 만들 수 있다.

4 불바디에 칵테일과 제조 방법이 거의 유사하다.

롱 아일랜드 아이스 티 (Long Island Iced Tea)

▶ 합격 강의

요구사항 Long Island Iced Tea를 제조하여 제출하시오.

재료

레시피

조주법	Build
글라스	Collins Glass
가니쉬	A Wedge of Lime or Lemon
재료	– Dry Gin 1/2oz – Vodka 1/2oz – Light Rum 1/2oz – Tequila 1/2oz – Triple Sec 1/2oz – Sweet&Sour mix 1+1/2oz – On Top with Cola

제조 방법

1 잔에 얼음을 가득 넣는다.

2 드라이 진 $\frac{1}{2}$oz, 보드카 $\frac{1}{2}$oz, 라이트 럼 $\frac{1}{2}$oz, 테킬라 $\frac{1}{2}$oz, 트리플 섹 $\frac{1}{2}$oz, 스위트 앤 사워 믹스 1+$\frac{1}{2}$oz를 순서대로 넣는다.

3 바 스푼으로 8~10번 젓는다.

4 콜라를 잔의 80~90% 채워준다.

5 레몬 웨지를 꽂아 마무리한다.

Keyword

"레몬 홍차 향의 칵테일"

TIP

1 잔에 얼음을 가득 넣도록 한다.

2 Stir(스터)를 진행할 때는 바 스푼의 뒷면을 글라스의 벽을 향하게 젓는다.

3 완성된 음료의 양은 잔의 90% 정도 채워야 하며, 양이 적을 시 잔에 얼음을 더 채워야 한다.

4 콜라가 들어가는 칵테일은 레몬 웨지가 가니쉬이다.

5 조주 시간이 부족할 시, 레몬 웨지는 잔 안에 넣는다.

6. 시험장에 라이트 럼이 있을 경우, 라이트 럼을 사용해야 한다.

사이드카
(Side Car)

▶합격 강의

요구사항 Side Car를 제조하여 제출하시오.

재료

레시피

조주법	Shake
글라스	Cocktail Glass
가니쉬	없음
재료	− Brandy 1oz − Triple Sec 1oz − Lemon Juice $\frac{1}{4}$ oz

제조 방법

1 잔에 얼음을 넣어 칠링한다.

2 셰이커에 얼음을 8~10개 정도 넣는다.

3 브랜디 1oz, 트리플 섹 1oz, 레몬 주스 $\frac{1}{4}$ oz를 순서대로 넣는다.

4 스트레이너, 캡 순으로 셰이커를 닫고 흔들어준다.

5 칠링한 잔의 얼음을 버린다.

6 셰이커의 캡만 열고 잔의 밑부분을 잡고 따라주면서 마무리한다.

Keyword

"브랜디와 레몬의 새콤달콤한 만남"

TIP

1 유사한 레시피인 허니문 칵테일과 제조 방법이 같으나 재료가 다르니 주의한다.

2 레몬 주스와 함께 들어가는 베이스 기주는 진, 브랜디이다.

마이타이
(Mai Tai)

▶합격 강의

요구사항 Mai Tai를 제조하여 제출하시오.

재료

레시피

조주법	Blend
글라스	Footed Pilsner Glass
가니쉬	A Wedge of fresh Pineapple (Orange)&Cherry
재료	– Light Rum $1+\frac{1}{4}$ oz – Triple Sec $\frac{3}{4}$ oz – Lime Juice 1oz – Pineapple Juice 1oz – Orange Juice 1oz – Grenadine Syrup $\frac{1}{4}$ oz

제조 방법

1 잔에 얼음을 넣어 칠링한다.

2 블렌더에 크러쉬드 아이스 1 스쿱을 넣는다.

3 라이트 럼 $1+\frac{1}{4}$oz, 트리플 섹 $\frac{3}{4}$oz, 라임 주스 1oz, 파인애플 주스 1oz, 오렌지 주스 1oz, 그레나딘 시럽 $\frac{1}{4}$oz를 순서대로 넣는다.

4 블렌더의 뚜껑을 닫고 약 10초 정도 갈아준다.

5 칠링한 잔의 얼음을 버린 뒤, 잔의 밑부분을 잡고 따른다.

6 파인애플 웨지와 함께 체리를 픽에 꽂아 마무리한다.

Keyword

"트로피컬 칵테일의 여왕"

TIP

1 블렌드(Blend) 기법은 모두 럼이 들어간다.

2 시험장에 크러쉬드 아이스가 없을 시, 큐브드 아이스를 8~10개 넣어주면 된다.

3 얼음과 음료가 충분히 섞여 적당히 따라질 정도로만 갈아주며, 너무 오래 블렌딩을 하지 않도록 유의한다.

4 블렌드(Blend) 기법은 시간이 오래 걸리기 때문에 마지막에 조주 하는 것이 유리하다.

5 시험장에 라이트 럼이 있을 경우, 라이트 럼을 사용해야 한다.

피나콜라다
(Pina Colada)

▶ 합격 강의

반복학습 1 2 3 요구사항 Pina Colada를 제조하여 제출하시오.

재료

레시피

조주법	Blend
글라스	Footed Pilsner Glass
가니쉬	A Wedge of fresh Pineapple & Cherry
재료	– Light Rum $1+\frac{1}{4}$ oz – Pina Colada Mix 2oz – Pineapple Juice 2oz

제조 방법

1 잔에 얼음을 넣어 칠링한다.

2 블렌더에 크러쉬드 아이스 1 스쿱을 넣는다.

3 라이트 럼 $1+\frac{1}{4}$ oz, 피나콜라다 믹스 2oz, 파인애플 주스 2oz를 순서대로 넣는다.

4 블렌더의 뚜껑을 닫고 약 10초 정도 갈아준다.

5 칠링한 잔의 얼음을 버린 뒤, 잔의 밑부분을 잡고 따른다.

6 파인애플 웨지와 함께 체리를 픽에 꽂아 마무리한다.

Keyword

"파인애플과 코코넛이 피어나는 칵테일"

TIP

1 블렌드(Blend) 기법은 모두 럼이 들어간다.

2 시험장에 크러쉬드 아이스가 없을 시, 큐브드 아이스를 8~10개 넣어주면 된다.

3 얼음과 음료가 충분히 섞여 적당히 따라질 정도로만 갈아주며, 너무 오래 블렌딩을 하지 않도록 유의한다.

4 블렌드(Blend) 기법은 시간이 오래 걸리기 때문에 마지막에 조주하는 것이 유리하다.

5 시험장에 라이트 럼이 있을 경우, 라이트 럼을 사용해야 한다.

코스모폴리탄
(Cosmopolitan Cocktail)

▶ 합격 강의

요구사항 Cosmopolitan Cocktail을 제조하여 제출하시오.

재료

레시피

조주법	Shake
글라스	Cocktail Glass
가니쉬	Twist of Lime or Lemon Peel
재료	– Vodka 1oz – Triple Sec $\frac{1}{2}$ oz – Lime Juice $\frac{1}{2}$ oz – Cranberry Juice $\frac{1}{2}$ oz

제조 방법

1 잔에 얼음을 넣어 칠링한다.
2 셰이커에 얼음을 8~10개 정도 넣는다.
3 보드카 1oz, 트리플 섹 $\frac{1}{2}$ oz, 라임 주스 $\frac{1}{2}$ oz, 크렌베리 주스 $\frac{1}{2}$ oz를 순서대로 넣는다.
4 스트레이너, 캡 순으로 셰이커를 닫고 흔들어준다.
5 칠링한 잔의 얼음을 버린다.
6 셰이커의 캡만 열고 잔의 밑부분을 잡고 따라준다.
7 라임 혹은 레몬 껍질을 손질 후 비틀어 3초 유지 후 칵테일 안에 넣어서 마무리한다.

Keyword

"달달하고 정열적인 보드카 칵테일"

TIP

1 라임 주스와 함께 들어가는 베이스 기주는 럼, 보드카, 테킬라이다.
2 필(Peel)을 만들 때는 한쪽은 집게를 잡고 다른 한쪽은 손으로 잡아 비틀어주면 쉽게 만들 수 있다.

모스코 뮬
(Moscow Mule)

▶ 합격 강의

반복학습 1 2 3 요구사항 Moscow Mule을 제조하여 제출하시오.

재료

레시피

조주법	Build
글라스	Highball Glass
가니쉬	A Slice of Lime or Lemon
재료	– Vodka $1+\frac{1}{2}$ oz – Lime Juice $\frac{1}{2}$ oz – Fill with Ginger Ale

제조 방법

1 잔에 얼음을 가득 넣는다.

2 보드카 $1+\frac{1}{2}$ oz, 라임 주스 $\frac{1}{2}$ oz를 순서대로 넣는다.

3 진저에일을 잔의 80~90% 채운다.

4 바 스푼으로 살짝 젓는다.

5 레몬 슬라이스를 꽂아 마무리한다.

Keyword

"진저에일에 라임 한 스푼"

TIP

1 잔에 얼음을 가득 넣도록 한다.

2 바 스푼으로 저을 때, 마구 섞지 말고 글라스의 벽을 따라 젓는다.

3 완성 제조 시, 잔에 음료의 용량이 약 90% 정도 채우게 한다.

4 진저에일을 넣고 바 스푼으로 저을 때, 탄산이 빠져나가지 않도록 살짝만 저어야 한다.

애프리콧 칵테일
(Apricot Cocktail)

▶합격 강의

요구사항 Apricot Cocktail을 제조하여 제출하시오.

재료

레시피

조주법	Shake
글라스	Cocktail Glass
가니쉬	없음
재료	— Apricot flavored Brandy $1+\frac{1}{2}$ oz — Dry Gin 1tsp — Lemon Juice $\frac{1}{2}$ oz — Orange Juice $\frac{1}{2}$ oz

제조 방법

1 잔에 얼음을 넣어 칠링한다.
2 셰이커에 얼음을 8~10개 정도 넣는다.
3 살구 브랜디 $1+\frac{1}{2}$ oz, 드라이 진 1tsp, 레몬 주스 $\frac{1}{2}$ oz, 오렌지 주스 $\frac{1}{2}$ oz를 순서대로 넣는다.
4 스트레이너, 캡 순으로 셰이커를 닫고 흔들어준다.
5 칠링한 잔의 얼음을 버린다.
6 셰이커의 캡만 열고 잔의 밑부분을 잡고 따라주며 마무리한다.

Keyword

"살구 브랜디에 드라이 진 한 스푼"

TIP

1 레몬 주스와 함께 들어가는 베이스 기주는 진, 브랜디이다.

허니문 칵테일
(Honeymoon Cocktail)

▶ 합격 강의

반복학습 1 2 3　　요구사항 Honeymoon Cocktail을 제조하여 제출하시오.

재료

레시피

조주법	Shake
글라스	Cocktail Glass
가니쉬	없음
재료	– Apple Brandy $\frac{3}{4}$ oz – Benedictine D.O.M $\frac{3}{4}$ oz – Triple Sec $\frac{1}{4}$ oz – Lemon Juice $\frac{1}{2}$ oz

제조 방법

1 잔에 얼음을 넣어 칠링한다.

2 셰이커에 얼음을 8~10개 정도 넣는다.

3 애플 브랜디(칼바도스) $\frac{3}{4}$ oz, 베네딕틴 D.O.M $\frac{3}{4}$ oz, 트리플 섹 $\frac{1}{4}$ oz, 레몬 주스 $\frac{1}{2}$ oz를 순서대로 넣는다.

4 스트레이너, 캡 순으로 셰이커를 닫고 흔들어준다.

5 칠링한 잔의 얼음을 버린다.

6 셰이커의 캡만 열고 잔의 밑부분을 잡고 따라주며 마무리한다.

Keyword

"신혼여행은 [에.베.레.트]로"

TIP

1 프랑스 산의 브랜디(칼바도스)와 리큐어(베네딕틴)가 들어가는 유일한 칵테일이다.

2 레몬 주스와 함께 들어가는 베이스 기주는 진, 브랜디이다.

블루 하와이안
(Blue Hawaiian)

▶ 합격 강의

반복학습 1 2 3 **요구사항** Blue Hawaiian을 제조하여 제출하시오.

재료

레시피

조주법	Blend
글라스	Footed Pilsner Glass
가니쉬	A Wedge of fresh Pineapple & Cherry
재료	– Light Rum 1oz – Blue Curacao 1oz – Coconut flavored Rum 1oz – Pineapple Juice $2+\dfrac{1}{2}$ oz

제조 방법

1 잔에 얼음을 넣어 칠링한다.

2 블렌더에 크러쉬드 아이스 1스쿱을 넣는다.

3 라이트 럼 1oz, 블루 큐라소 1oz, 말리부 1oz, 파인애플 주스 $2+\dfrac{1}{2}$ oz를 순서대로 넣는다.

4 블렌더의 뚜껑을 닫고 약 10초 정도 갈아준다.

5 칠링한 잔의 얼음을 버린 뒤, 잔의 밑부분을 잡고 따른다.

6 파인애플 웨지와 함께 체리를 픽에 꽂아 마무리한다.

Keyword

"푸른 바다를 담은 트로피컬 칵테일"

TIP

1 블렌드(Blend) 기법은 모두 럼이 들어간다.

2 시험장에 크러쉬드 아이스가 없을 시, 큐브드 아이스를 8~10개 넣어주면 된다.

3 얼음과 음료가 충분히 섞여 적당히 따라질 정도로만 갈아주며, 너무 오래 블렌딩을 하지 않도록 유의한다.

4 블렌드(Blend) 기법은 시간이 오래 걸리기 때문에 마지막에 조주하는 것이 유리하다.

5 시험장에 라이트 럼이 있을 경우, 라이트 럼을 사용해야 한다.

키르
(Kir)

▶ 합격 강의

반복학습 1 2 3 요구사항 Kir를 제조하여 제출하시오.

재료

레시피

조주법	Build
글라스	White Wine Glass
가니쉬	Twist of Lemon Peel
재료	— White Wine 3oz — Crème de Cassis $\frac{1}{2}$ oz

제조 방법

1. 잔에 바로 화이트 와인 3oz, 크렘 드 카시스 $\frac{1}{2}$ oz를 순서대로 넣는다.
2. 바 스푼으로 살짝 젓는다.
3. 레몬 껍질을 손질 후 비틀어 3초 유지 후 칵테일 안에 넣어서 마무리한다.

Keyword

"매력적인 붉은 빛의 와인 칵테일"

TIP

1. 잔에 칠링 하지 않고 바로 기주를 넣는다.
2. 필(Peel)을 만들 때는 한쪽은 집게를 잡고 다른 한쪽은 손으로 잡아 비틀어주면 쉽게 만들 수 있다.

테킬라 선라이즈
(Tequila Sunrise)

▶ 합격 강의

반복학습 1 2 3 요구사항 Tequila Sunrise를 제조하여 제출하시오.

재료

레시피

조주법	Build/Float
글라스	Footed Pilsner Glass
가니쉬	없음
재료	− Tequila $1+\frac{1}{2}$ oz − Fill with Orange Juice − Grenadine Syrup $\frac{1}{2}$ oz

제조 방법

1 잔에 얼음을 가득 넣는다.

2 테킬라 $1+\frac{1}{2}$ oz를 넣는다.

3 오렌지 주스를 잔의 80~90%로 채운다.

4 바 스푼으로 8~10번 젓는다.

5 그레나딘 시럽 $\frac{1}{2}$ oz를 바 스푼을 이용해 얼음을 피해 천천히 부으면서 마무리한다.

Keyword

"그레나딘 시럽으로 떠오르는 멕시코의 일출"

TIP

1 잔에 얼음을 가득 넣도록 한다.

2 칠링한 얼음은 버리지 않는다.

3 완성 제조 시, 잔에 음료의 용량이 약 90% 정도 채우게 한다.

4 마지막 그레나딘 시럽은 바 스푼을 글라스의 벽면에 대지 않은 채, Float(플로트) 해주는 느낌으로 천천히 넣는다.

힐링
(Healing)

▶ 합격 강의

반복학습 1 2 3 요구사항 Healing을 제조하여 제출하시오.

재료

레시피

조주법	Shake
글라스	Cocktail Glass
가니쉬	Twist of Lemon Peel
재료	— Gam Hong Ro (감홍로/40도) $1+\frac{1}{2}$ oz — Benedictine D.O.M $\frac{1}{3}$ oz — Crème de Cassis $\frac{1}{3}$ oz — Sweet&Sour mix 1oz

제조 방법

1 잔에 얼음을 넣어 칠링한다.

2 셰이커에 얼음을 8~10개 정도 넣는다.

3 감홍로 $1+\frac{1}{2}$ oz, 베네딕틴 D.O.M $\frac{1}{3}$ oz, 크렘 드 카시스 $\frac{1}{3}$ oz, 스위트 앤 사워 믹스 1oz를 순서대로 넣는다.

4 스트레이너, 캡 순으로 셰이커를 닫고 흔들어준다.

5 칠링한 잔의 얼음을 버린다.

6 셰이커의 캡만 열고 잔의 밑부분을 잡고 따른다.

7 레몬 껍질을 손질 후 비틀어 3초 유지 후 칵테일 안에 넣어서 마무리한다.

Keyword

"지친 몸을 달래주는 약재 향이 가득한"

TIP

1 필(Peel)을 만들 때는 한쪽은 집게를 잡고 다른 한쪽은 손으로 잡아 비틀어주면 쉽게 만들 수 있다.

2 전통주가 들어가는 레시피 중 가니쉬가 들어가는 칵테일은 힐링, 풋사랑이다.

진도
(Jindo)

▶ 합격 강의

재료

레시피

조주법	Shake
글라스	Cocktail Glass
가니쉬	없음

재료	— Jindo Hong Ju
	  (진도 홍주/40도) 1oz
	— Crème de Menthe(White) $\frac{1}{2}$ oz
	— White Grape Juice
	  (청포도 주스) $\frac{3}{4}$ oz
	— Raspberry Syrup $\frac{1}{2}$ oz

제조 방법

1 잔에 얼음을 넣어 칠링한다.

2 셰이커에 얼음을 8~10개 정도 넣는다.

3 진도 홍주 1oz, 크렘 드 민트(화이트) $\frac{1}{2}$ oz, 청포도 주
   스 $\frac{3}{4}$ oz, 라즈베리 시럽 $\frac{1}{2}$ oz를 순서대로 넣는다.

4 스트레이너, 캡 순으로 셰이커를 닫고 흔들어준다.

5 칠링한 잔의 얼음을 버린다.

6 셰이커의 캡만 열고 잔의 밑부분을 잡고 따라주면서
   마무리한다.

Keyword

"진도의 특산품, 홍주 칵테일"

TIP

1 진도 칵테일은 조주기능사 실기 시험에서 잘 안 쓰이
   는 재료들로 조합하여 제조하기 때문에 외워두도록
   한다. (크렘 드 민트 화이트, 청포도 주스, 라즈베리
   시럽)

풋사랑
(Puppy Love)

▶ 합격 강의

요구사항 Puppy Love를 제조하여 제출하시오.

재료

레시피

조주법	Shake
글라스	Cocktail Glass
가니쉬	A Slice of Apple
재료	— Andong Soju(안동소주/35도) 1oz — Triple Sec $\frac{1}{3}$ oz — Apple Pucker (Sour Apple Liqueur) 1oz — Lime Juice $\frac{1}{3}$ oz

제조 방법

1 잔에 얼음을 넣어 칠링한다.

2 셰이커에 얼음을 8~10개 정도 넣는다.

3 안동소주 1oz, 트리플 섹 $\frac{1}{3}$ oz, 애플 퍼커 1oz, 라임 주스 $\frac{1}{3}$ oz를 순서대로 넣는다.

4 스트레이너, 캡 순으로 셰이커를 닫고 흔들어준다.

5 칠링한 잔의 얼음을 버린다.

6 셰이커의 캡만 열고 잔의 밑부분을 잡고 따른다.

7 사과 슬라이스를 꽂아 마무리한다.

Keyword

"풋사과향이 가득한 풋사랑"

TIP

1 전통주로는 안동소주가 들어간다.

2 조주 시간이 부족할 시, 사과 슬라이스는 잔 안에 넣어도 된다.

3 전통주가 들어가는 레시피 중 가니쉬가 들어가는 칵테일은 힐링, 풋사랑이다.

금산
(Geumsan)

▶ 합격 강의

요구사항 Geumsan을 제조하여 제출하시오.

재료

레시피

조주법	Shake
글라스	Cocktail Glass
가니쉬	없음

재료	− Geumsan Insamju
	  (금산 인삼주/43도) $1+\frac{1}{2}$ oz
	− Coffee Liqueur(Kahlúa) $\frac{1}{2}$ oz
	− Apple Pucker
	  (Sour Apple Liqueur) $\frac{1}{2}$ oz
	− Lime Juice 1tsp

제조 방법

1 잔에 얼음을 넣어 칠링한다.

2 셰이커에 얼음을 8~10개 정도 넣는다.

3 금산 인삼주 $1+\frac{1}{2}$ oz, 깔루아 $\frac{1}{2}$ oz, 애플 퍼커 $\frac{1}{2}$ oz, 라임 주스 1tsp를 순서대로 넣는다.

4 스트레이너, 캡 순으로 셰이커를 닫고 흔들어준다.

5 칠링한 잔의 얼음을 버린다.

6 셰이커의 캡만 열고 잔의 밑부분을 잡고 따라주면서 마무리한다.

Keyword

"강한 인삼향의 흑사탕 칵테일"

TIP

1 라임 주스 1tsp 계량은 바 스푼을 이용하여 넣어준다.

2 셰이킹은 너무 오래 진행하지 않고 약 8회 정도 흔드는 것이 적당하다.

고창
(Gochang)

▶합격 강의

반복학습 1 2 3 요구사항 Gochang을 제조하여 제출하시오.

재료

레시피

조주법	Stir
글라스	Flute Champagne Glass
가니쉬	없음
재료	– Sunwoonsan Bokbunja Wine (선운산 복분자주) 2oz – Triple Sec $\frac{1}{2}$ oz – Sprite 2oz

제조 방법

1 잔에 얼음을 넣어 칠링한다.

2 믹싱 글라스에 얼음을 8~10개 정도 넣는다.

3 선운산 복분자주 2oz, 트리플 섹 $\frac{1}{2}$ oz, 사이다 2oz를 순서대로 넣는다.

4 바 스푼으로 최소 6~8번 젓는다.

5 칠링한 잔의 얼음을 버린다.

6 믹싱 글라스에 스트레이너를 끼운 뒤, 잔의 밑부분을 잡고 따른다.

Keyword

"복분자+오렌지의 조합"

TIP

1 믹싱 글라스에 얼음을 너무 많이 담지 않는다. (다만, 시험장에서 얼음이 작을 경우, 얼음을 더 담아준다.)

2 바 스푼으로 저을 때, 마구 섞지 말고 글라스의 벽을 따라 젓는다.

3 믹싱 글라스에서 잔으로 급하게 따르면 쏟아질 수 있으니, 천천히 따른다. (고창은 붉은색 술로 바닥에 쏟으면 티가 많이 나기 때문에 주의한다.)

4 실기 시험에 출제되는 칵테일 중에 믹싱 글라스에 Stir(스터) 기법으로만 진행되는 칵테일은 맨해튼, 드라이 마티니, 고창, 블바디에 4가지이다.

진 피즈
(Gin Fizz)

▶ 합격 강의

반복학습 1 2 3 **요구사항** Gin Fizz를 제조하여 제출하시오.

재료

레시피

조주법	Shake/Build
글라스	Highball Glass
가니쉬	A Slice of Lemon
재료	– Dry Gin $1+\frac{1}{2}$ oz – Lemon Juice $\frac{1}{2}$ oz – Powdered Sugar 1tsp – Fill with Soda Water

제조 방법

1 잔에 얼음을 가득 넣어 칠링한다.

2 세이커에 얼음을 8~10개 정도 넣는다.

3 드라이 진 $1+\frac{1}{2}$ oz, 레몬 주스 $\frac{1}{2}$ oz, 설탕 1tsp을 순서대로 넣는다.

4 스트레이너, 캡 순으로 세이커를 닫고 흔들어준다.

5 세이커의 캡만 열고 잔의 밑부분을 잡고 따른다.

6 소다수를 잔의 80~90%로 채운다.

7 바 스푼으로 살짝 젓는다.

8 레몬 슬라이스를 꽂아 마무리한다.

Keyword

"피즈, 탄산을 머금은 새콤달콤 칵테일"

TIP

1 유사한 레시피인 싱가폴 슬링과 제조 방법이 같으나 마지막에 재료와 장식이 다르니 주의한다.

2 탄산수는 함께 셰이킹 할 수 없기 때문에, 셰이킹 후 Build(빌드) 기법으로 넣어준다.

3 탄산수를 넣은 뒤 저어줄 때, 탄산이 많이 사라지는 것을 막기 위해 얼음을 살짝 띄워준다는 감각으로 저어준다.

4 완성 제조 시, 잔에 음료의 용량이 약 90% 정도 채우게 한다.

프레쉬 레몬 스쿼시
(Fresh Lemon Squash)

▶ 합격 강의

반복학습 1 2 3 **요구사항** Fresh Lemon Squash를 제조하여 제출하시오.

재료

레시피

조주법	Build
글라스	Highball Glass
가니쉬	A Slice of Lemon
재료	– Fresh squeezed Lemon $\frac{1}{2}$ea – Powdered Sugar 2tsp – Fill with Soda Water

제조 방법

1 잔에 얼음을 가득 넣는다.

2 레몬을 반으로 자르고, 스퀴저를 이용하여 즙을 짠다.

3 칠링한 얼음을 버리고 설탕 2tsp를 넣는다.

4 바 스푼으로 충분히 저어 설탕을 녹인다.

5 다시 얼음을 넣는다.

6 소다수를 잔의 80~90%로 채운다.

7 바 스푼으로 살짝 젓는다.

8 레몬 슬라이스를 꽂아 마무리한다.

Keyword

"오리지널 레모네이드 칵테일"

TIP

1 유사한 레시피인 진 피즈와 제조 방법이 비슷하나, 술이 들어가지 않는다.

2 레몬 주스가 아닌 실제 레몬의 즙을 짜서 사용한다.

3 바 스푼으로 저을 시, 설탕이 뭉치지 않게 잘 녹을 수 있도록 섞어준다.

4 완성 제조 시, 잔에 음료의 용량이 약 90% 정도 채우게 한다.

버진 프루트 펀치
(Virgin Fruit Punch)

▶ 합격 강의

요구사항 Virgin Fruit Punch를 제조하여 제출하시오.

재료

레시피

조주법	Blend
글라스	Footed Pilsner Glass
가니쉬	A Wedge of fresh Pineapple & Cherry
재료	— Orange Juice 1oz — Pineapple Juice 1oz — Cranberry Juice 1oz — Grapefruit Juice 1oz — Lemon Juice $\frac{1}{2}$ oz — Grenadine Syrup $\frac{1}{2}$ oz

제조 방법

1 잔에 얼음을 넣어 칠링한다.

2 블렌더에 크러쉬드 아이스 1 스쿱을 넣는다.

3 각 1oz씩 오렌지 주스, 파인애플 주스, 크렌베리 주스, 자몽 주스를 순서대로 넣는다.

4 각 $\frac{1}{2}$ oz씩 레몬 주스, 그레나딘 시럽을 순서대로 넣는다.

5 블렌더의 뚜껑을 닫고 약 10초 정도 갈아준다.

6 칠링한 잔의 얼음을 버린 뒤, 잔의 밑부분을 잡고 따른다.

7 파인애플 웨지와 함께 체리를 픽에 꽂아 마무리한다.

Keyword

"무알코올 과일 펀치 칵테일"

TIP

1 블렌드(Blend) 기법이지만 럼이 들어가지 않는 것이 특징이다.

2 시험장에 크러쉬드 아이스가 없을 시, 큐브드 아이스를 8~10개 넣어주면 된다.

3 얼음과 음료가 충분히 섞여 적당히 따라질 정도로만 갈아주며, 너무 오래 블렌딩을 하지 않도록 유의한다.

4 블렌드(Blend) 기법은 시간이 오래 걸리기 때문에 마지막에 조주하는 것이 유리하다.

불바디에
(Boulevardier)

▶ 합격 강의

반복학습 1 2 3 요구사항 Boulevardier를 제조하여 제출하시오.

재료

레시피

조주법	Stir
글라스	Old-Fashioned Glass
가니쉬	Twist of Orange Peel
재료	– Bourbon Whiskey 1oz – Sweet Vermouth 1oz – Campari 1oz

제조 방법

1 잔에 얼음을 가득 넣는다.

2 믹싱 글라스에 얼음 8~10개를 넣는다.

3 각 1oz씩 버번 위스키, 스위트 베르무스, 캄파리를 순서대로 넣는다.

4 바 스푼으로 8~10번 젓는다.

5 믹싱 글라스에 스트레이너를 끼운 뒤, 잔의 밑부분을 잡고 따른다.

6 오렌지 껍질을 손질 후 비틀어 3초 유지 후 칵테일 안에 넣어서 마무리한다.

Keyword

"네그로니 칵테일의 형제, 한량의 칵테일"

TIP

1 음료의 양이 많지 않기 때문에, 잔에 얼음을 가득 넣도록 한다.

2 Stir(스터)를 진행할 때는 바 스푼의 뒷면을 글라스의 벽을 향하게 젓는다.

3 필(Peel)을 만들 때는 한쪽은 집게를 잡고 다른 한쪽은 손으로 잡아 비틀어주면 쉽게 만들 수 있다.

4 네그로니 칵테일과 제조 방법이 거의 유사하다.

5 실기 시험에 출제되는 칵테일 중에 믹싱 글라스에 Stir(스터) 기법으로만 진행되는 칵테일은 맨해튼, 드라이 마티니, 고창, 불바디에 4가지이다.

MEMO

Pousse Cafe

푸스카페

Manhattan

맨해튼

Dry Martini

드라이 마티니

Old Fashioned

올드 패션드

Manhattan
맨해튼

글라스 Cocktail Glass

기법 Stir

재료 Bourbon Whiskey $1+\frac{1}{2}$oz

Sweet Vermouth $\frac{3}{4}$oz

Angostura Bitters 1dash

가니쉬 Cherry

Pousse Cafe
푸스카페

글라스 Stemmed Liqueur Glass

기법 Float

재료 Grenadine Syrup $\frac{1}{3}$part

Crème de Menthe(Green) $\frac{1}{3}$part

Brandy $\frac{1}{3}$part

가니쉬 없음

Old Fashioned
올드 패션드

글라스 Old-Fashioned Glass

기법 Build

재료 Bourbon Whiskey $1+\frac{1}{2}$oz

Powdered Sugar 1tsp

Angostura Bitters 1dash

Soda Water $\frac{1}{2}$oz

가니쉬 A Slice of Orange & Cherry

Dry Martini
드라이 마티니

글라스 Cocktail Glass

기법 Stir

재료 Dry Gin 2oz

Dry Vermouth $\frac{1}{3}$oz

가니쉬 Green Olive

Brandy Alexander

브랜디 알렉산더

Singapore Sling

싱가폴 슬링

Black Russian

블랙 러시안

Margarita

마가리타

Singapore Sling
싱가폴 슬링

글라스 Footed Pilsner Glass

기법 Shake/Build

재료 Dry Gin $1+\frac{1}{2}$oz
Lemon Juice $\frac{1}{2}$oz
Powdered Sugar 1tsp
Fill with Soda Water
On Top with Cherry flavored
Brandy $\frac{1}{2}$oz

가니쉬 A Slice of Orange & Cherry

Brandy Alexander
브랜디 알렉산더

글라스 Cocktail Glass

기법 Shake

재료 Brandy $\frac{3}{4}$oz
Crème de Cacao(Brown) $\frac{3}{4}$oz
Light Milk $\frac{3}{4}$oz

가니쉬 Nutmeg Powder

Margarita
마가리타

글라스 Cocktail Glass

기법 Shake

재료 Tequila $1+\frac{1}{2}$oz
Cointreau or Triple Sec $\frac{1}{2}$oz
Lime Juice $\frac{1}{2}$oz

가니쉬 Rimming with Salt

Black Russian
블랙 러시안

글라스 Old-Fashioned Glass

기법 Build

재료 Vodka 1oz
Coffee Liqueur $\frac{1}{2}$oz

가니쉬 없음

Rusty Nail
러스티네일

Whiskey Sour
위스키 사워

New York
뉴욕

Daiquiri
다이키리

Whiskey Sour
위스키 사워

글라스   Sour Glass

기법   Shake/Build

재료   Bourbon Whiskey $1+\frac{1}{2}$oz

     Lemon Juice $\frac{1}{2}$oz

     Powdered Sugar 1tsp

     On Top with Soda Water 1oz

가니쉬   A Slice of Lemon & Cherry

Rusty Nail
러스티네일

글라스   Old-Fashioned Glass

기법   Build

재료   Scotch Whisky 1oz

     Drambuie $\frac{1}{2}$oz

가니쉬   없음

Daiquiri
다이키리

글라스   Cocktail Glass

기법   Shake

재료   Light Rum $1+\frac{3}{4}$oz

     Lime Juice $\frac{3}{4}$oz

     Powdered Sugar 1tsp

가니쉬   없음

New York
뉴욕

글라스   Cocktail Glass

기법   Shake

재료   Bourbon Whiskey $1+\frac{1}{2}$oz

     Lime Juice $\frac{1}{2}$oz

     Powdered Sugar 1tsp

     Grenadine Syrup $\frac{1}{2}$tsp

가니쉬   Twist of Lemon Peel

B-52

B-52

June Bug

준벅

Bacardi Cocktail

바카디

Cuba Libre

쿠바리브레

June Bug
준벅

글라스 Collins Glass

기법 Shake

재료 Midori(Melon Liqueur) 1oz

Coconut flavored Rum $\frac{1}{2}$oz

Banana Liqueur $\frac{1}{2}$oz

Pineapple Juice 2oz

Sweet & Sour mix 2oz

가니쉬 A Wedge of fresh
Pineapple & Cherry

B-52
B-52

글라스 Sherry Glass(2oz)

기법 Float

재료 Coffee Liqueur $\frac{1}{3}$part

Bailey's Irish Cream Liqueur
$\frac{1}{3}$part

Grand Marnier $\frac{1}{3}$part

가니쉬 없음

Cuba Libre
쿠바리브레

글라스 Highball Glass

기법 Build

재료 Light Rum 1+$\frac{1}{2}$oz

Lime Juice $\frac{1}{2}$oz

Fill with Cola

가니쉬 A Wedge of Lemon

Bacardi Cocktail
바카디

글라스 Cocktail Glass

기법 Shake

재료 Bacardi Rum White 1+$\frac{3}{4}$oz

Lime Juice $\frac{3}{4}$oz

Grenadine Syrup 1tsp

가니쉬 없음

Grasshopper

그래스호퍼

Seabreeze

시브리즈

Apple Martini

애플 마티니

Negroni

네그로니

Seabreeze
시브리즈

글라스 Highball Glass

기법 Build

재료 Vodka $1+\frac{1}{2}$oz

Cranberry Juice 3oz

Grapefruit Juice $\frac{1}{2}$oz

가니쉬 A Wedge of Lime or Lemon

Grasshopper
그래스호퍼

글라스 Champagne Glass(Saucer형)

기법 Shake

재료 Crème de Menthe(Green) 1oz

Crème de Cacao(White) 1oz

Light Milk 1oz

가니쉬 없음

Negroni
네그로니

글라스 Old-Fashioned Glass

기법 Build

재료 Dry Gin $\frac{3}{4}$oz

Sweet Vermouth $\frac{3}{4}$oz

Campari $\frac{3}{4}$oz

가니쉬 Twist of Lemon Peel

Apple Martini
애플 마티니

글라스 Cocktail Glass

기법 Shake

재료 Vodka 1oz

Apple Pucker
(Sour Apple Liqueur) 1oz

Lime Juice $\frac{1}{2}$oz

가니쉬 A Slice of Apple

Long Island Iced Tea

롱 아일랜드 아이스 티

Side Car

사이드카

Mai Tai

마이타이

Pina Colada

피나콜라다

Side Car
사이드카

글라스 Cocktail Glass

기법 Shake

재료 Brandy 1oz

Triple Sec 1oz

Lemon Juice $\frac{1}{4}$oz

가니쉬 없음

Long Island Iced Tea
롱 아일랜드 아이스 티

글라스 Collins Glass

기법 Build

재료 Dry Gin $\frac{1}{2}$oz

Vodka $\frac{1}{2}$oz

Light Rum $\frac{1}{2}$oz

Tequila $\frac{1}{2}$oz

Triple Sec $\frac{1}{2}$oz

Sweet & Sour mix $1+\frac{1}{2}$oz

On Top with Cola

가니쉬 A Wedge of Lime or Lemon

Pina Colada
피나콜라다

글라스 Footed Pilsner Glass

기법 Blend

재료 Light Rum $1+\frac{1}{4}$oz

Pina Colada Mix 2oz

Pineapple Juice 2oz

가니쉬 A Wedge of fresh
Pineapple & Cherry

Mai Tai
마이타이

글라스 Footed Pilsner Glass

기법 Blend

재료 Light Rum $1+\frac{1}{4}$oz

Triple Sec $\frac{3}{4}$oz

Lime Juice 1oz

Pineapple Juice 1oz

Orange Juice 1oz

Grenadine Syrup $\frac{1}{4}$oz

가니쉬 A Wedge of fresh
Pineapple(Orange) & Cherry

Cosmopolitan Cocktail
코스모폴리탄

Moscow Mule
모스코 뮬

Apricot Cocktail
애프리콧 칵테일

Honeymoon Cocktail
허니문 칵테일

Moscow Mule
모스코 뮬

글라스 Highball Glass

기법 Build

재료 Vodka $1+\frac{1}{2}$oz
Lime Juice $\frac{1}{2}$oz
Fill with Ginger Ale

가니쉬 A Slice of Lime or Lemon

Cosmopolitan Cocktail
코스모폴리탄

글라스 Cocktail Glass

기법 Shake

재료 Vodka 1oz
Triple Sec $\frac{1}{2}$oz
Lime Juice $\frac{1}{2}$oz
Cranberry Juice $\frac{1}{2}$oz

가니쉬 Twist of Lime or Lemon Peel

Honeymoon Cocktail
허니문 칵테일

글라스 Cocktail Glass

기법 Shake

재료 Apple Brandy $\frac{3}{4}$oz
Benedictine D.O.M $\frac{3}{4}$oz
Triple Sec $\frac{1}{4}$oz
Lemon Juice $\frac{1}{2}$oz

가니쉬 없음

Apricot Cocktail
애프리콧 칵테일

글라스 Cocktail Glass

기법 Shake

재료 Apricot flavored Brandy $1+\frac{1}{2}$oz
Dry Gin 1tsp
Lemon Juice $\frac{1}{2}$oz
Orange Juice $\frac{1}{2}$oz

가니쉬 없음

Blue Hawaiian

블루 하와이안

Kir

키르

Tequila Sunrise

테킬라 선라이즈

Healing

힐링

Kir
키르

글라스 White Wine Glass

기법 Build

재료 White Wine 3oz

Crème de Cassis $\frac{1}{2}$oz

가니쉬 Twist of Lemon Peel

Blue Hawaiian
블루 하와이안

글라스 Footed Pilsner Glass

기법 Blend

재료 Light Rum 1oz

Blue Curacao 1oz

Coconut flavored Rum 1oz

Pineapple Juice 2+$\frac{1}{2}$oz

가니쉬 A Wedge of fresh
Pineapple & Cherry

Healing
힐링

글라스 Cocktail Glass

기법 Shake

재료 Gam Hong Ro(감홍로/40도) 1+$\frac{1}{2}$oz

Benedictine D.O.M $\frac{1}{3}$oz

Crème de Cassis $\frac{1}{3}$oz

Sweet & Sour mix 1oz

가니쉬 Twist of Lemon Peel

Tequila Sunrise
테킬라 선라이즈

글라스 Footed Pilsner Glass

기법 Build/Float

재료 Tequila 1+$\frac{1}{2}$oz

Fill with Orange Juice

Grenadine Syrup $\frac{1}{2}$oz

가니쉬 없음

Jindo

진도

Puppy Love

풋사랑

Geumsan

금산

Gochang

고창

Puppy Love
풋사랑

글라스 Cocktail Glass

기법 Shake

재료 Andong Soju(안동소주/35도) 1oz

Triple Sec $\frac{1}{3}$oz

Apple Pucker(Sour Apple Liqueur) 1oz

Lime Juice $\frac{1}{3}$oz

가니쉬 A Slice of Apple

Jindo
진도

글라스 Cocktail Glass

기법 Shake

재료 Jindo Hong Ju(진도 홍주/40도) 1oz

Crème de Menthe(White) $\frac{1}{2}$oz

White Grape Juice(청포도 주스) $\frac{3}{4}$oz

Raspberry Syrup $\frac{1}{2}$oz

가니쉬 없음

Gochang
고창

글라스 Flute Champagne Glass

기법 Stir

재료 Sunwoonsan Bokbunja Wine (선운산 복분자주) 2oz

Triple Sec $\frac{1}{2}$oz

Sprite 2oz

가니쉬 없음

Geumsan
금산

글라스 Cocktail Glass

기법 Shake

재료 Geumsan Insamju (금산 인삼주/43도) 1+$\frac{1}{2}$oz

Coffee Liqueur(Kahlûa) $\frac{1}{2}$oz

Apple Pucker(Sour Apple Liqueur) $\frac{1}{2}$oz

Lime Juice 1tsp

가니쉬 없음

Gin Fizz

진 피즈

Fresh Lemon Squash

프레쉬 레몬 스쿼시

Virgin Fruit Punch

버진 프루트 펀치

Boulevardier

불바디에

Fresh Lemon Squash
프레쉬 레몬 스쿼시

글라스 Highball Glass

기법 Build

재료 Fresh squeezed Lemon $\frac{1}{2}$ea
Powdered Sugar 2tsp
Fill with Soda Water

가니쉬 A Slice of Lemon

Gin Fizz
진 피즈

글라스 Highball Glass

기법 Shake/Build

재료 Dry Gin 1+$\frac{1}{2}$oz
Lemon Juice $\frac{1}{2}$oz
Powdered Sugar 1tsp
Fill with Soda Water

가니쉬 A Slice of Lemon

Boulevardier
불바디에

글라스 Old-Fashioned Glass

기법 Stir

재료 Bourbon Whiskey 1oz
Sweet Vermouth 1oz
Campari 1oz

가니쉬 Twist of Orange Peel

Virgin Fruit Punch
버진 프루트 펀치

글라스 Footed Pilsner Glass

기법 Blend

재료 Orange Juice 1oz
Pineapple Juice 1oz
Cranberry Juice 1oz
Grapefruit Juice 1oz
Lemon Juice $\frac{1}{2}$oz
Grenadine Syrup $\frac{1}{2}$oz

가니쉬 A Wedge of fresh
Pineapple & Cherry

MEMO

MEMO

MEMO